教育部高校思想政治课教师研究专项一般项目
（项目编号：23JDSZK006）阶段性研究成果

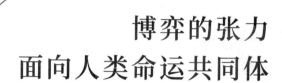

博弈的张力
面向人类命运共同体

The Tone of Games
A Human Community with a Shared Future

侯静婕　著

天津社会科学院出版社

图书在版编目（ＣＩＰ）数据

博弈的张力：面向人类命运共同体：汉、英 ／ 侯
静婕著. -- 天津：天津社会科学院出版社，2024.12
　　ISBN 978-7-5563-0953-5

　　Ⅰ．①博… Ⅱ．①侯… Ⅲ．①国际关系－研究－汉、
英 Ⅳ．①D81

中国国家版本馆 CIP 数据核字(2024)第 044028 号

博弈的张力：面向人类命运共同体
BOYI DE ZHANGLI: MIANXIANG RENLEI MINGYUN GONGTONGTI
责任编辑：李思文
装帧设计：高馨月
出版发行：天津社会科学院出版社
地　　址：天津市南开区迎水道 7 号
邮　　编：300191
电　　话：(022) 23360165
印　　刷：高教社（天津）印务有限公司
开　　本：880×1230　　1/32
印　　张：6.75
字　　数：161 千字
版　　次：2024 年 12 月第 1 版　　2024 年 12 月第 1 次印刷
定　　价：78.00 元

目　录

开 篇

一、思考的缘起

始言于中国,共建于世界,是"人类命运共同体"思想基本的时空向度。何以完成从一种中国语言到世界共识的转变,可以说是关乎"人类命运共同体"本质性实现的重点问题,也是难点问题。

学理学科化是"人类命运共同体"国际传播的必要路径。这一思想博大精深,在经济学、政治学、社会学、历史学等学科中都能找到理论对接点,可选的阐释角度不少,但要找到一个简要精准而又有学科延展性的阐释角度却并不十分容易,符合一致性肯定是阐释工作的第一原则。

在《论坚持推动构建人类命运共同体》一书中,有一个词组多次出现,那就是"零和博弈"。2013 年 3 月,习近平主席在莫斯科国际关系学院发表题为《顺应时代前进潮流 促进世界和平发展》的演讲时指出:"要跟上时代前进步伐,就不能身体已进入 21 世纪,而脑袋还停留在过去,停留在殖民扩张的旧时代里,停留在冷战思维、零和博弈老框框内",面对"世界怎么了,我们怎么办"的时代之问，呼吁国际社会建立"你中有我，我中有你"的命运共同体意识。这次演讲，"命运共同体"与"零和博弈"同语境出场。

2014年6月，习近平主席在北京举行的和平共处五项原则发表60周年纪念大会上发表《弘扬和平共处五项原则　建设合作共赢美好世界》重要讲话，指出"要积极树立双赢、多赢、共赢的新理念，摒弃你输我赢、赢者通吃的旧思维，'各美其美，美人之美，美美与共，天下大同'。"2015年3月，习近平主席在博鳌亚洲论坛2015年年会上发表题为《迈向命运共同体　开创亚洲新未来》的主旨演讲，指出"要摒弃零和游戏、你输我赢的旧思维，树立双赢、共赢的新理念，在追求自身利益时兼顾他方利益，在寻求自身发展时促进共同发展"。2015年11月，习近平主席在气候变化巴黎大会开幕式上发表题为《携手构建合作共赢、公平合理的气候变化治理机制》的重要讲话，指出"巴黎大会应该摒弃零和博弈狭隘思维，推动各国尤其是发达国家多一点共享、多一点担当，实现互惠共赢"。

2016年6月，习近平主席在第八轮中美战略与经济对话和第七轮中美人文交流高层磋商联合开幕式上强调，"零和博弈、冲突对抗早已不合时宜，同舟共济、合作共赢成为时代要求"。

2017年9月，习近平主席在福建厦门举行的金砖国家工商论坛开幕式上发表题为《共同开创金砖合作第二个"金色十年"》重要讲话，指出"世界多极化、经济全球化、文化多样化、社会信息化深入发展，弱肉强食的丛林法则、你输我赢的零和游戏不再符合时代逻辑，和平、发展、合作、共赢成为各国人民共同呼声"。

2020年11月，习近平主席以视频方式出席亚太经合组织第二十七次领导人非正式会议并发表重要讲话指出，"亚太经济合作从来不是零和博弈、你输我赢的政治游戏，而是相互成就、互利共赢的发展平台"。

在 2022 年世界经济论坛视频会议的演讲中,习近平主席强调,"国家之间难免存在矛盾和分歧,但搞你输我赢的零和博弈是无济于事的"。在《人民日报》(海外版)关于"人类命运共同体"理念的阐述文章中,"零和博弈"一词也有出现,如《构建人类命运共同体超越零和博弈》(2018.1.31)、《世界需要互利共赢而非零和博弈》(2021.7.31)等。

"构建人类命运共同体"与"摒弃零和博弈思维"具有怎样的相关性,为何二者会如此高频地在同一语境出场?本研究正是由这个问题而来。

博弈论的发展简史

首先要做出的是关于"博弈论"的基本介绍。

我们在这里介绍博弈论,并不是对其中一些本书将会用到的知识点作简单的平铺直叙。我们在应用博弈论进行交叉研究时遇到的理论困难、走过的许多弯路,恰恰是源于对博弈论中的一些理论要素把握得不够清晰。所以,在这一部分,我们希望通过简要地回顾博弈论产生和发展的历史,更为直观地感知博弈论的理论形态;然后通过对博弈论基本概念的重申,对各个博弈类型发展脉络的梳理,最终明确我们将博弈论应用于"人类命运共同体"的研究时应该采用怎样的思路和方法。如果在我们的研究过程中遇到一些难题时,总是能够快速而准确地想到用博弈论中的哪些理论要素去解决才是恰当的,那么我们的效率就会有所提高。

博弈与人类相伴而生。"博弈"一词,最早出现在中国古代《论语·阳货》:"饱食终日,无所用心,难矣哉。不有博弈者乎?"

"石头剪子布"、象棋、围棋、田忌赛马、《孙子兵法》、《九宫算术》、《三十六计》、《六韬》等都有许多博弈思想。其他文明中也有关于博弈思想的记载，例如印度梵文史诗《摩诃婆罗多》里就有关于骰子游戏的记录，《圣经》中对这类游戏也有述及。

博弈思想从古至今经历了从一种经验，到一种思维形式，再到一门理论学科的演进。现代意义上关于博弈的科学化研究，始于古诺（Cournot），他是早期研究数理经济学和博弈论的开山鼻祖。作为一门学科，博弈论是将人际互动的过程和结果模型化，并希望通过对互动规律的形式化描述、解释和演算，得出一些一般性的结论，然后再将这些结论返回到人际互动实际中提供可参考的数学理论。与一般的数学理论用以刻画客观事物的运行规律的理论特点不同，博弈论是用数学工具来研究人与人之间的互动行为。这种特性，通过观察博弈理论应用的学科范围也可以看出一二，例如博弈论对于经济学的应用；对于进化生物学的应用；对于语言学的应用等等。这些学科之所以采用博弈论作为重要的研究手段之一，正是因为博弈论既能兼顾主体互动行为的实际，又提供了形式化的模型方法。

20世纪初，数学家们开始研究博弈论。当时双人零和博弈是主要研究方向。"零和博弈"（zero-sum game）是一种博弈类型，指的是在博弈过程中，博弈各方处于完全冲突的地位，采取我赢你输的严格竞争策略，使得博弈结果呈现为一方所得即为另一方所失的零和状态。约翰·纳什①（John F. Nash，1950）介绍了合作博弈与非合作博弈的区别。他对非合作博弈的最重要贡献是阐明了包含任意人数局中人和任意偏好的一种通用解概念，也就是不限于两人零和博弈，该解概念后来被称为"纳什均衡"。

不过，我们常常容易忽视，"摒弃零和博弈"，恰恰也是现代博弈理论发展的一个起点。肯·宾默尔（Ken Binmore，1992）曾说过，不论何时何地，当有人际互动行为发生，博弈论就发生了。作为人际互动的一种模型化解释和预测的数学工具，博弈论总是力求在模型发展上做到尽量规范、精准。在理论产生至今的几十年间，博弈论已经越来越多地被应用于生物学、社会、政治、经济等以生命活动现象为主要研究对象的学科中。这些应用反过来对博弈论的发展提出新的诉求，要进一步完善和制造更多的模型用来解释生命活动中大量存在的"合作"行为。演化博弈理论首先发展起来，其基本观点是合作因演化而生，零和博弈的困境在人际重复的交互中自然消解。演化合作博弈理论在其后产生，对能够触发主体"互惠利他"行为可能需要的集中合作机制进行了建模分析。

在冯·诺依曼（J. von Neumann）与摩根斯坦（O. Morgen-stern）于 1944 年出版的名著《博弈理论与经济行为》（*The Theory of Games and Economic Behavior*）②中包含了对冲突和合作两方面互动

---

① John F. Nash，JR. Equilibrium Points in N-person Games［J］. *Proceedings of the National Academy of Sciences of the United States of America*，1950，36（01）：48.

② 冯·诺依曼与摩根斯坦因出版的《博弈理论与经济行为》（*The Theory of Games and Economic Behavior*）一书获得了诺贝尔经济学奖，促进了博弈论的成熟和在其他学科中的应用。

行为的抽象建模工作，从两个路径发展出不同的博弈论分支，其中一个称为策略或者非合作博弈，另一个称为联盟博弈或合作博弈。他们用了大量的篇幅讨论合作博弈，在其中提出了纯策略与混合策略、联盟博弈、稳定集等概念，而在非合作博弈中仅仅讨论了简单的零和博弈（zero-sum game）。此后，合作博弈理论（cooperative game theory）取得了丰硕成果，包括沙普利（Shapley，1953b）①关于"讨价还价博弈"（bargaining game）的文章以及沙普利（Shapley，1953a）②提出"核"（core），作为 n 人合作博弈的一般解概念，表示可能的分配集合。与此同时，沙普利（Shapley，1953a）③对主观的"公正""合理"等概念给予了严格的公理化描述，然后寻求是否有满足公理的解。如果对一个解的性质或公理要求太多，则这样的解可能不存在；如果这些性质或公理要求得少，则又可能有许多解，即解存在但不唯一。"沙普利值"是满足"公正""合理"的分配方案的唯一解。合作博弈的重要意义不仅仅在理论中，在实践中也常有体现。市场经济中外部性（externalities）往往会导致市场失灵（marketfailure），因而常常需要由政府参与来解决此类问题。公共产品（purepublic good）的生产与分配就是一个例子。其他的例子包括股份制企业的利润分配、合资企业的决策权与利润分配、一个社区的财政支出及分配等等，均可由合作博弈的方法来加以

① Shapley, Lloyd S. Stochastic Games [J]. *Proceedings of the National Academy of Sciences of the United States of America*, 1953, 39(10)：1095-1100.

② Shapley, Lloyd S. A Value for N-person Games [J]. *Contributions to the Theory of Games*, 1953, 2(28)：307-317.

③ Shapley, Lloyd S. A Value for N-person Games [J]. *Contributions to the Theory of Games*, 1953, 2(28)：307-317.

讨论。此后多年,具有不同性质的关于合作博弈的求解方案在持续发展中。但是与对非合作博弈的分析都是建立在纳什均衡解概念的情况不同,一套关于合作博弈的超优方案一直没有出现,因为这些求解方案都有各自的优点和缺点。

直到 20 世纪 70 年代中期,博弈论还保持着独立领域的地位。德布鲁和斯卡夫(Debreu, Scarf, 1963)[①]的文章论述了博弈的核与经济的一般均衡(general equilibrium)的关系,可以说标志了博弈论与主流经济学联结的开始。当经济学家们开始将注意力集中于研究具有理性行为但只拥有有限信息的个体时,信息就成了许多模型的焦点。当个体行为受到重视之后,他们采取行动的时间顺序也开始被明确地纳入考虑范围。这一结合使得博弈开始具有完备的结构,从而也有了很多始料不及又有趣的发展分支。马斯库勒等人(Maschler, et al. , 1971)[②]提出合作博弈实际上是一个谈判的过程,各局中人是通过谈判达成协议结为联盟。还有海萨尼(Harsanyi, 1967)[③]关于不完全信息(incomplete information)的文章,还有克雷普斯、米尔格罗姆、罗伯茨和威尔逊(Kreps, Milgrom, Ro-

① Debreu, G. and Scarf, H. A Limit Theorem on the Core of an Economy [J]. *International Economic Review*, 1963, 4(03):235 – 246.

② Maschler, Michael, Bezalel Peleg, and Lloyd S. Shapley. The Kernel and Bargaining Set for Convex Games[J]. *International Journal of Game Theory*, 1971, 1(01): 73-93.

③ Selten, Reinhard, ed. *Rational Interaction: Essays in Honor of John C. Harsanyi* [M]. New York:Springer Science & Business Media, 2013.

berts & Wilson, 1982)①关于不完全信息重复博弈的文章。

海萨尼(Harsanyi, 1966)②将合作博弈与非合作博弈对比来看,提出了合作博弈是一种具有约束力和强制力的协议的博弈。这种协议的具体表现形式包括合约、承诺或者威胁等,而非合作不具备这样的协议。海萨尼指出任何的合作博弈都可以转化为非合作博弈,但他并不提倡这种做法,因为这样的转化会增大支付矩阵。关于合作博弈与非合作博弈之间的转化,纳什(1951)也有过相关论述,只不过他是从相反的方向来谈论这种转化。纳什认为,博弈主体之间的讨价还价过程有可能会引起合作行为的发生。在讨价还价的过程中,每个博弈主体遵循他们的个体策略函数来最大化各自的效用,但这样行为的结果是可能转化出一个大的均衡集合。所以纳什认为"纳什均衡"不只可以用来分析非合作博弈,还可以用来分析合作博弈。海萨尼和施尔德(Harsanyi, Selten, 1988)③提出了非合作博弈建立的假设是博弈主体们没有能力达成具有强制力的协议,但是在这个博弈的扩展中却可能赋予他们这种能力。与此对应的,合作博弈包含了这样的假设:博弈主体总是有能力达成有强制力的协议,即使在博弈的扩展中这种可能性没

---

① Kreps, D., Milgrom, P., Roberts, J., Wilson, R. Rational Cooperation in the Finitely Repeated Prisoners Dilemma [J]. *Journal of Economic Theory*, 1982,27: 245−252.

② Selten, Reinhard, ed. *Rational Interaction: Essays in Honor of John C. Harsanyi* [M]. New York:Springer Science & Business Media, 2013.

③ Selten, Reinhard, ed. *Rational Interaction: Essays in Honor of John C. Harsanyi* [M]. New York:Springer Science & Business Media, 2013.

有明确地显现。在此之外,海萨尼(1967,1968)[1]发展了关于不完全信息的理论。依照梅尔森(Myerson,1977)[2]提出的概念,我们将博弈主体依照共同的目的而互动的行为称为合作。

我们先对合作博弈与非合作博弈的区别进行一个总结:

第一,建模途径的不同。合作博弈理论是公理性的,常常诉诸帕累托最优、公平与公正等。非合作博弈具有更多经济上的特点,其均衡概念建立在参与人在给定约束的条件下最大化其自身效用函数的基础上。从另一个角度看,合作博弈是一个简化形式的理论,它关注的是结果的性质而不是产生结果的策略。合作博弈与非合作博弈的不同在于博弈主体之间的相互依赖关系。在非合作博弈中,博弈是关于博弈主体所有可行的行动细节的模型。但是合作博弈从这种细节性中脱离出来,只描述博弈主体在不同组合方式下的集体行动的结果。所以,注重过程程序性和注重组合结果性,是从模型构建的角度来看非合作博弈与合作博弈的区别之一。

第二,非合作博弈一般是零和博弈(zero-sum game),指的是无论每个参与人选择什么样的策略,所有参与人的支付之和总是零的博弈。合作博弈一般是非零和博弈(与零和博弈相反),这是因为在合作博弈劣策略剔除的过程中,常常有多重均衡的存在。如果一个强重复剔除优势均衡存在,则它必定是唯一的。因此,如果

---

① Selten, Reinhard, ed. *Rational Interaction*: *Essays in Honor of John C. Harsanyi*[M]. New York: Springer Science & Business Media, 2013.

② Myerson, R. B. Graphs and Cooperation in Games[J]. *Mathematics of Operations Research*, 1977: 225-229.

一个策略的支付在任一策略组合中都严格高于其他策略，那么每一个参与人最多只能有一个这样的策略，故而由优势策略组成的策略组合也必定是独一无二的。如果一个弱重复剔除优势均衡存在，则它不一定是唯一的，因为剔除的顺序会影响到最终结果。如果所有的弱劣策略在每次剔除中都被同时剔除，那么如果均衡结果存在，则它一定是唯一的，但也可能不存在策略组合。剔除弱劣策略的顺序不同，可能会造成不同的博弈均衡结果。在剔除路径博弈〔重复剔除（弱）优势策略均衡〕中，其中一个参与人获得，另一个参与人并不一定必须失去（2，12）。而在零和博弈中，一个参与人之所得恰恰是另一个参与人之所失（1，-1）。

值得一提的是，非零和博弈（nonzero-sum game）又称为可变和博弈（variable-sum game）。因为在博弈学家看来，支付加和为一个常数的常和博弈也可以划归为零和博弈。

总的来说，博弈是合作性的还是非合作性的并不取决于其中是否有冲突存在，而是在于博弈主体之间是否存在有约束力的协议。即使是在没有强优势策略的情况下，理性的博弈主体也不会采取强劣策略。因此，博弈主体之间能够形成具有约束力的协议的最本质原因，就在于他们会规避风险，避免博弈结果走向对自己最为不利的局面。非合作博弈与合作博弈的概念界限有时并不严格。前者的形成可能是因为没有合作的空间，而后者的形成可能是由于没有冲突或者竞争的空间。因此，非合作博弈的理论中有一部分是研究重复博弈中博弈主体形成合作关系，而合作博弈理论中也有一部分是研究合作中潜在竞争关系的存在。

通过博弈论的发展历史可以看出，博弈理论要素的丰富和更新速度较快，在短短不到五十年的时间，就发展出非合作博弈与合作博弈、静态博弈与动态博弈，以及具有完美信息或者不完全信息的很多博弈类型。这同时也能说明，博弈理论框架具有很高的开放性和包容性。对主体互动实际行为的描述力和解释力的重视，是博弈论不断发展的主要动力。而这样的理论特性，也恰恰符合经济学、生物学、语言学、国际关系、政治学等一些同样关注主体互动实际的学科的研究需求。诺贝尔经济学奖获得者保罗·萨缪尔森（Paul Samuelson）曾说过，要想在现代社会做一个有文化的人，你必须对博弈论有一个大致了解。

在不断对人际互动现实的观照中，已经有越来越多的博弈学家们意识到零和博弈的前提，即双主体或者一次性的互动情境难以确立。在彼此联系和变化发展的世界中，人与人之间的互动关系是多主体式的、重复性的，人类社会呈现的往往是一种"非零和"的状态，即在博弈过程中，参与者的利益有一部分是一致的，有一部分是冲突的，此时追求自身利益最大化的理性行为有可能导致博弈方利益"两败俱伤"或者"互利共赢"。在现代博弈论中存在着大量对非零和现象进行解释和预测的理论。这些理论与"人类命运共同体"内涵具有诸多耦合性，关于这些耦合性的阐释对我们论证"人类命运共同体"思想的科学性、有效性并进行学理化、学科化的国际传播具有非常大的助益。目前，学界尚不存在关于这种耦合性的系统研究，而这正是本研究的主体工作。

二、研究内容和研究范式的选择

如果把"人类命运共同体"作为一个语词分解，我们不难发现它其实包含了时间和空间两个基本维度的要素：前者对应"命运"，后者对应"共同体"。根据《辞海》中的解释，"命运"一般用来比喻事物发展变化的趋势，也是人与人的运动轨迹的总论。西方（一神论）强调必然性的命运（Destiny）观；印度（多神论）强调偶然性的命运（Pratityasamutpada）观；中国（无神论）则主张必然性和偶然性相统一的命运观。"命运"不是前世的"天定命运"，亦非来世的"归宿"，而是今世的"共同命运"。它一方面将人从外界权威中解放出来；另一方面塑造了人类价值取向之一，关于"团结"。"共同体"可以指人们在共同条件下结成的集体。法国启蒙运动的代表人物卢梭在他的代表作《社会契约论》中已经较早地提出了"共同体"的概念，指的是人民结合成的集体。

因为命运是自主的，所以需要尊重多样性的实现方式；因为命运是共同的，所以需要超越个体的整体性思维，一起向未来。根据以上语义分析，我们可以将"人类命运共同体"的实现理解为关于人类社会结构变化发展的一定结果，它的实现路径具有两个特征：

第一，从时间进程上，"人类命运共同体"的结成不是一蹴而就的，它体现了现实过程和结果的统一。如果从一个比较久远的时间维度去透视共同体，它的实现历程甚至会包括人与人互动现实中存在的矛盾和冲突现象。但是，在不断试错和总结经验的过程中，人类慢慢意识到损人利己和你输我赢的零和竞争最终会损害所有人的利益，只有义利兼顾才能义利兼得，只有义利平衡才能义利共赢。这样一来，共赢，成为共同体建立在历史经验之后的一种集体意识。

第二，从主体范围上，"人类命运共同体"体现了个体性和集体性的统一。天性使然，人类都会追求自己的利益和幸福。同时，人又不是孤立的个体，人人都处于社会之中。社会的发展，民族的进步,国家的富强,只能来自合作,只有合作才能共赢,才能带给每个人真正的幸福。可以说,合作,是共同体的行为标识。

合作共赢,通常被理解为"人类命运共同体"实现的概念核心。"人类命运共同体"的实现建立在人与人、与群体、与社会互动的过程和结果基础上。博弈论是研究人际互动过程的一套较为成熟的理论。实际上,博弈论可以作为社会行为的科学方法论基础,全面影响着人们对人类社会运行模式和制度建构的思考。有些人认为,博弈论只适用于解释经济问题,不能用在社会问题上。没错,最初的博弈论和主流经济学关于人的假定是"理性人假设",并在此基础上展开对人追求利益最大化的行为的说明。但不能忽视的是,人实现绝对的利益最大化的另一个重要前提是完全竞争。而在现实里,这种情况几乎是不存在的。在社会中,人们往往会因为绝对地追求自身利益最大化的行为而导致最终的利益受损。甚至在博弈理论模型中,类似囚徒困境的悖论也比比皆是。这些情况的出现,是因为理性人并不完全等于经济人,它的本质是社会人。所谓的利益最大化也并不仅仅是指经济利益,其他形式的利益也都会影响经济利益的实现和度量,比如政治利益、文化价值以及全部社会价值等。在历史的发展中、在知识信念和信息结构的持续完善过程中,作为理性的社会人,会根据过去的收益情况及时调整策略。不论从历史经验角度,还是博弈模型角度论证,合作才是理性社会人实现真正的利益最大化的最优策略。在最优策略集合中,通过改进制度促进相互合作是理性人的最好选择。据此,博弈理论依据现实中不同性质的博弈活动,已经衍生出不同类型的博弈模型,如竞争博弈与合作博弈、静态博弈与动态博弈。丰富后的博弈理论模型进而得以运用到很多社会历史科学的分析中,同时也可以应用于对社会结构现代化中各个群体动态关系形成的研究。

现代社会中，社会人际互动的主要形态是动态稳定合作。"人类命运共同体"何以科学，以至于它的提出何以具有说服力，何以实现，同样也可以以博弈论作为一个可行的分析视角来切入。

(一) 研究内容

上篇，我们首先通过博弈论中的一个经典案例——囚徒困境推演：在非零和的情境中，零和博弈思维并不能造就赢家，只能造就零和困境。"人类命运共同体"将摒弃零和博弈，反复否定零和博弈的思维形式、行为方式，正是基于非零和状态在当今世界经济和世界政治两个层面观察上的呈现，以此说明人类命运共同体思想的出现具有客观的社会存在基础。摒弃零和博弈思维最为彻底的方式是以一种新的意识替代，这种新意识就是"人类命运共同体"。"人类命运共同体"在突破世界发展零和困境的创新性宏观呈现有两个方面：新型利益观和新型国际关系。

在这一篇章中我们还将通过另一个博弈模型——重复囚徒困境，介绍人类互动过程实际上蕴含着摆脱零和困境的现实力量。当囚徒困境重复进行多次，群体可演化出对于困境的反思和改造，进而通过合作行为走出困境。这种演化只能在一定的条件下发生，这个条件就是开放的互动环境。一旦互动环境受到危害，人类将再一次滑入零和困境的深渊。据此，我们不难理解"人类命运共同体"何以要坚持全球化不可逆，构建开放型的世界经济。因为开放型的世界经济是国际社会携手走出困境的底层经济基础，而不可逆的全球化是维护国际合作环境的底线。全球化虽然不可逆，但是全球化的顽疾却不能视而不见，"人类命运共同体"给出的解法是：以"新全球化"替代逆全球化。

中篇，我们通过三个合作博弈机制，解释"人类命运共同体"作为求解当前国际合作困境的方案中所蕴含的重要学理价值，这些长久以来都被国际学术界所忽视。在上一个篇章中已经阐释，合作行为是重复博弈的一种演化结果，只是其演化过程漫长而曲折，只要尚有博弈主体持有零和式博弈思维，在单次博弈中采取非合作策略，就会引发博弈主体间猜忌、背叛，冲突行为的连锁反应，重现零和困境。为了走出困境，我们还需要一些合作机制来帮忙。在这一篇章中，我们将介绍合作博弈理论中三种最主要的机制：公正的分配、积极的信号、合理的结构。这三个机制的设计具有明确的问题指向，分别指向分配不公导致合作难以持续的困境、在不确定的环境中合作难以成型的困境、在群体中多元主体难以协调统一的困境。它们能够清晰地说明当前国际合作理论中的局限，也能够帮助我们理解"人类命运共同体"的共赢式合作方案所具有的有效性。

不同于现实主义语境中那种因利而聚又因利而散的合作，"人类命运共同体"强调的是共赢式合作，是在抵抗人类共同的敌人和增益全人类福祉两个方面都能够充分有效的合作。通过增加新兴市场和发展中国家的代表性和发言权、加强对话协商机制建设、倡导真正的多边主义三个方面的具体方案，以解决现有国际合作模式中的不足。用博弈论解释"人类命运共同体"的合作思想具有突出的学科优势，博弈论是研究策略交互的数学工具，不带有意识形态属性。因此，相比于国际合作理论（属于国际政治学科）的研究路径，博弈论的阐释更能够规避国外一些政客的意识形态攻击。

通过这种新的尝试和之后的英译工作，我们希望让更多的海外学者听见"人类命运共同体"真正的声音。

下篇，我们要从中国实践中寻找证据，说明中国不仅会推动构建"人类命运共同体"，而且会一直坚持下去。从中国提出到世界共建，是"人类命运共同体"的基本时空走向。世界共建必须以世界共识为基础，世界共识以世界认知为前提。在前两个篇章，我们已经通过对"人类命运共同体"作为中国智慧和中国方案的阐释，解决了关于其逻辑认知和效用认知的问题。在这一篇章中，我们要解决的是关于"人类命运共同体"信念认知，即号召世界信任"人类命运共同体"，信任中国一贯坚持推动构建"人类命运共同体"。为此，我们将首先通过中国的和平发展之路为当代经济贡献的"互利"智慧，证明中国一直是一个"人类命运共同体"式的实践者。不论在过去、现在或是未来，中国将一如既往地坚持推动构建"人类命运共同体"，其中最根本的保障力，来自文化基因——"和合"。

演化博弈理论中的阿克塞尔罗德实验证明，你输我赢不是必胜策略，合作共赢才能演化稳定。只是这种演化稳定的前提是一个合作者的出现与其持续性的合作行动。因此，在下篇我们以中国的主体实践来讲述"人类命运共同体"的合作方式是十分必要的，让人能够置信"人类命运共同体"。不论是走何种和平的合作共赢之路，中国实践的意义都是属于世界的、属于未来的。在今后的国际传播中，我们只有多讲中国故事，用历史的、当代的、未来可预期的中国实践讲清"人类命运共同体"的可行性、有效性、必然性，才能逐渐让"人类命运共同体"从梦想照进现实，完成从中国提出到世界共建的必要转变。

(二)研究范式的选择

在博弈论视域中,对零和博弈最深刻的批判,实际上来自研究范式的批判。传统的博弈研究范式建立在个体完全理性选择的前提下,即假设个体总是选择最大化自身利益的行动,并认为其他个体也拥有如此理性。围绕个体理性选择前提的争论从未停止。否定这一前提的观点认为,建立在个体理性选择前提下的传统的博弈研究范式不能解释和预测普遍的社会现象。大量的实验证明人们并不完全以追求个人利益最大化为目标,也会有利他的一面①。1998 年诺贝尔经济学奖得主阿马提亚·森将这种理性行动者称为"理性的笨蛋"(rational fool)②。首位女性诺贝尔经济学奖获得者埃莉诺·奥斯特罗姆(Elinor Ostrom)提出,个体理性选择假设下的博弈研究范式过于简化了对个体在情境中学习及其可能获得的知识结果的解释③。博弈论既然要追求对人类活动进行尽量精准、有效的模拟表达,就不能仅仅依赖于唯一一种范式解释所有情境下的人类行为④。在传统范式基础上,她提出第二代理性选择范式。与第一代的区别是:情境优先,情境是主体选择的信息输入端;重

---

① Fehr. E. , Gachter, S. Altruistic Punishment in Human[J]. *Nature*, 2002,415:137-140.

② Sen, A. Rational Fools: A Critique of the Behavioral Foundations of Economic Theory[J]. *Philosophy and Public Affairs*, 1977,6(04): 317-344.

③ Ostrom, E. *Understanding Institutional Diversity*[M] Princeton: Princeton University Press,2005:100.

④ Ostrom, E. , Janssen, M. A. , Anderies, J. M. Going Beyond Panaceas [J]. *Proceedings of the National Academy of Sciences*, 2007,104(39):15176-15178.

视集体理性,决策过程中增加道德决策变量,涉及声誉、交流、信任等;个体理性不存在,取而代之的是个体准则(norm),即个体内在对某种行动的评价,这种评价基于个体过去的经验和对其他主体的行为观察①。

鉴于此,本研究将以奥斯特罗姆范式为基础,一是情境优先,以全球化时代的"非零和"现象作为解释人类命运共同体思想出现的动因;二是重点阐释人类命运共同体方案对声誉、交流、信任等变量的决策设计,说明其对于促进国际合作的有效性;三是对中国提出"人类命运共同体"进行主体准则归因,说明中国在发展道路和历史文化传统中蕴含的"人类命运共同体"式准则,因此不论是过去、现在或是未来,中国将一贯"坚持推动构建人类命运共同体"。

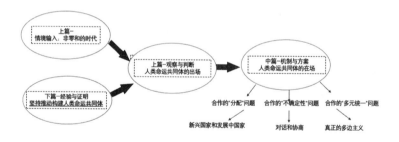

图1 内容脉络和范式创新:情境优先

选择从情境优先出发进行研究,实际上还有希望进一步推动"人类命运共同体"国际认同度提升方面的考虑。目前,"人类命运

① Ostrom, E. A Behavioral Approach to the Rational Choice Theory of Collective Action: Presidential Address, American Political Science Association[J]. *The American Political Science Review*, 1998, 92(01):1-22.

共同体"的海外认知在内涵层面存在分化现象。

　　一方面,海外认知主体一旦将"人类命运共同体"置于"全球情境"去认知,将会因对"全球性"问题的共同关注而产生积极共情,进而导向正面评价。如时任意大利国际研究委员会国际法律研究所主任法比奥·马歇利(Fabio Marcelli)肯定了"人类命运共同体"在突破人类"全球性发展"困境方面的积极意义,他认为在这个决定性的时代,人类面临着重大挑战。"人类命运共同体"致力于找到应对这些挑战的适宜的解决办法,无疑是一个非常重要和积极的迹象[1]。英国剑桥大学政治与国际关系学院资深研究员马丁·雅克(Martin Jacques)肯定了"人类命运共同体"在超越传统"全球合作观"的局限方面所具有的宝贵品质,他认为人类命运共同体理念崇尚和平、发展、公平、正义、民主、自由,中国提供了一种"新的可能"。这就是摒弃丛林法则、不搞强权独霸、超越零和博弈,开辟一条合作共赢、共建共享的文明发展新道路。还有部分学者将这种正面评价引申到关于"一带一路"倡议的认知层面,如英国学者马丁·阿尔布劳(Martin Albrow)认为,"人类命运共同体"有助于引领世界各国在公正的全球合作和管理模式改进方面作出贡献,"一带一路"正在向世界展示一条非常切实可行的前进道路[2]。

　　另一方面,"单国视角"导致摒弃零和博弈思维的"人类命运共

---

[1]　Fabio Marcelli. A Shared Future of Mankind: A New Concept and its Paramount Pedagogical Importance [J]. *International Conference on Pedagogy, Communication and Sociology, Advances in Social Science, Education and Humanities Research*, 2020, 315.

[2]　Martin Albrow. *China's Role in a Shared Human Future* [M]. Beijing: New World Press, 2018.

同体"反倒遭遇零和博弈式的误读，或者被一些学者歪曲文化内涵。这实际上是"单国视角"中必然出现的认知偏差。

"天下"固然是中国古代的一个概念，却不是一个关于中国的概念。"中国是个故事，而天下是个理论"①。中国传统社会是大国中间套着小国，所以人们在观念上将国当作天下，所以这"天下"所指代的"国"，并非单国，也不可能以单国或某一国来替代，而仅仅是一个包含着多样性的"整体"。"以天下为天下"（管子）②，如"天下之天下也"③，又如"以天下观天下"④，表达的正是全面广泛而正确有效地认识对象，要从对象本身出发。天下之天下，是向内演绎的天下，其内包含的任何部分单位，"一人""一家""一族""一邦""一国"，都不可能在概念上取代或者实体上外扩为"天下"。在中国传统政治哲学的"天下—国—家"框架中，天下是最大的政治单位，一切政治解释都在"天下"之中，完全不是"单国视角"语境中理解的"天下为国家的霸权"。

当然，这种曲解也自有其哲学基础。自笛卡尔以降的西方近代哲学以对个体理性的强调高扬人的主体性开始，就形成了以己度人，以内推外的政治行为体观察视角，其加固的认知局限也正是在今时今日关于"人类命运共同体"的曲解中才显露。它提醒世人

---

① 赵汀阳. 天下的当代性：世界秩序的实践与想象［M］.中信出版社，2016：1.

② 《管子》："以家为乡，乡不可为也；以乡为国，国不可为也；以国为天下，天下不可为也。以家为家，以乡为乡，以国为国，以天下为天下。"

③ 《吕氏春秋》："天下非一人之天下，天下之天下也。"

④ 老子《道德经》："修之于身，其德乃真；修之于家，其德乃余；修之于乡，其德乃长；修之于邦，其德乃丰；修之于天下，其德乃普。故以身观身，以家观家，以乡观乡，以邦观邦，以天下观天下。吾何以知天下然哉？以此。"

即使在康德方案中也不过是以"自由国家联盟"为上限，根本不曾超越以民族国家为基础的政治概念，是根本不能以"天下"哲学拟论的。"单国视角"放置于"全球情境"之中，"国家主体至上"仍作为国家行为体处理主体间关系的观念依据[①]显然是与现实、与未来脱离的，这种脱离既在认知上，也在实践中[②]，从区分敌友的政治叙事到异教异端的宗教文化叙事。

想要世界真正尊重"人类命运共同体"的本义，我们在阐发和外宣工作中则更须谨慎。欲求对"单国视角"认知纠偏，就不能限于语义的围境，而要先培育语言情境。"全球观"是中国发展过程中一直秉承的眼界，千年前中国古人"天下为公"的预言式认知以千年后全球化作为注脚，这才是"人类命运共同体"的出场情境。情境优先，引导"人类命运共同体"的全球认知走入"全球情境"，是助益"人类命运共同体"价值确证的至优选择。

三、研究的意义

从学术意义上讲，本研究以摒弃"零和博弈"思维和构建"人类命运共同体"二者之间的表征关系为索引，用比照性的研究方法，通过博弈领域中最具代表性的理论——"囚徒困境""重复无名氏定理""核解""声誉–信号模型""空间博弈""阿克塞尔罗德实验"这六个演化合作，分三个篇章层层递进，阐释构建"人类命运共同

---

①　[美]亨利·基辛格.大外交[M].顾淑馨，林添贵，译.海口:海南出版社，2012：43.

②　[加]伊曼纽尔·阿德勒，文森特·波略特.国际实践[M].秦亚青，孙吉胜，魏玲，等译.上海:上海人民出版社，2015：8.

体"在破解当今世界零和困境方面何以科学,何以具象,何以令人信服。本研究涉猎的博弈模型之全面,与"人类命运共同体"的比照分析之细致,是前人研究中未出现过的。

本研究具有明确的问题导向。从中国提出到世界共建,是"人类命运共同体"的基本时空走向。世界共建必须以世界共识为基础,世界共识以世界认知为前提。以非零和博弈对零和博弈的取代和超越为视角,我们通过这种学理化的路径,主要解释的是"人类命运共同体"作为中国智慧和中国方案的科学性和有效性所在,解决的是关于其逻辑认知和效用认知的问题。最后,我们要用实践证明的方法,告诉世界如何相信"人类命运共同体",如何相信中国将"坚持推动构建人类命运共同体",解决的是关于其信念认知的问题。

从应用价值上讲,本研究的方法和范式有助于推动"人类命运共同体"的国际学理化、学科化传播,这方面的应用价值将随着《论坚持推动构建人类命运共同体》英文版的出版发行而愈加凸显。

《论坚持推动构建人类命运共同体》的英文版 *On Building of a Community with a Shared Future* 已经于 2019 年发行并于 2021 年再版。在本书写作过程中,一个愿望是笔者始终没有忘记的,那就是如何能够帮助海外读者更好地阅读 *On Building of a Community with a Shared Future* 一书。在进行本研究相关内容的英译时,笔者意图主要解决三个问题:如何帮助更多的人阅读此书、更深入地阅读此书以及更方便地阅读此书。

从博弈论角度进行"人类命运共同体"的阐释,在关于对接海外认知方面具备天然的优势。一是博弈论在诸如生物、经济、社会、政治等学科中有广泛的应用,在这些理论中的很多问题在人类命运共同体思想中都能找到解答,做好阐释工作,我们可以吸引更多的人和不同领域的学者阅读此书。二是博弈论是研究人际互动的一种数学工具,严谨而简洁,它把复杂问题简单化,用易于理解的语言表达出来。以博弈论为阐释工具,我们可以帮助海外读者理解 *On Building of a Community with a Shared Future* 一书中诸多的"祈使句"背后的道理,帮助读者更深入地阅读此书。三是本研究从"非零和博弈对零和博弈的取代和超越"这个小视角出发,引申出比较多的非零和博弈理论模型,再用来解释更多的相关的人类命运共同体思想。这种以小见大、见微知著的引导方式,可以吸引读者更加频繁地翻阅此书。从一个小问题出发,涉及的人类命运共同体思想是在不同的国际场合出现的,因此表述上会略有不同。为了方便阅读,本研究的英译版对所涉及之处进行了明确的页码标注。

上 篇
观察与判断

人类命运共同体：

非零和博弈的时代

在这一篇章中我们将看到,作为一种社会意识的"人类命运共同体",它的提出被一定的社会存在所决定。"人类命运共同体"将摒弃零和博弈,反复否定零和博弈的种种思维形式、行为方式,这是基于对世界现实的观察,即非零和状态在当今世界经济和世界政治两个层面上的呈现。在非零和的时代,零和博弈思维作为一种落后的社会意识,阻碍了世界进步与发展,造就零和困境。这种困境的必然呈现通过博弈论中的一个经典案例——囚徒困境可严格推演。摒弃这种落后的社会意识最彻底的方法是以一种新的意识替代,这种新意识就是"人类命运共同体"。"人类命运共同体"在突破世界发展零和困境的创新性宏观呈现有两个方面:新型利益观和新型国际关系观。

在这一篇章中我们还将通过另一个博弈模型——重复囚徒困境的介绍,阐述人类互动过程实际上蕴含着摆脱零和困境的现实力量。当囚徒困境重复进行多次,群体可演化出对于困境的反思和改造,进而通过合作行为走出困境。这种演化只能在一定的条件下发生,这个条件就是开放的互动环境。一旦互动环境受到危害,人类将再一次滑入零和困境的深渊。据此,我们不难理解"人类命运共同体"何以要坚持全球化不可逆,构建开放型的世界经济。因为开放型的世界经济是国际社会携手走出困境的底层经济基础,而不可逆的全球化是维护国际合作环境的底线。全球化虽然不可逆,但是全球化的顽疾却不能视而不见,"人类命运共同体"给出的解法是:以"新全球化"替代逆全球化。

一、当今世界的零和困境

人类社会自出现,国家之间热战或冷战不断,你输我赢,赢者通吃,这是零和博弈的现实。广义的零和博弈思维指冷战结束后,西方大国的保守势力妄图建立单极世界,推行霸权主义的一种意识与观念,包括以下四种表现:第一,对手思维。冷战期间美国对外战略的主要指向就是苏联。冷战结束后,美国在全球失去对手,对自己的行为感到无所适从,急于树立新的敌人,比如将新兴国家的发展视作对自己的挑战。第二,绝对安全。自身已经是世界最强大的国家了,仍担心来自别国的威胁。不理解别国的安全需要,把别国对安全的追求理解为对本国安全的威胁。第三,强权政治。即总把自己的观点强加给别国,不尊重其他国家和民族。第四,渔翁战术,挑起争端来从中获利。这些方面综合起来就是一句话,即一切为了本国,无视他国需要。

进入20世纪末期,以经济全球化为起点的传导机制架起了一条贯通各国利益的联结链条,"在这个新的世界上,等级差别开始被认为是性质种类的差别,共同利益的观念呈现出新的意义。日趋明显的事实是,尽管那些孤立的人们仍保持着彼此隔绝的状态,但人们越来越认识到,共同利益与个别利益是不能分开的"①。"权力、和平、正义、秩序等概念在一定程度上也是如此。"②在"一荣俱荣,一损俱损"的"非零和"式国际关系中,那些持有零和博弈思维的国家甚少得利。当"零和博弈"思维不再能造就出赢家时,反而"为一己之私把一个地区乃至世界搞乱"③,出现损人不利己的结果时,"零和博弈"就成为"零和困境"。

(一)博弈论的解释

1950 年,美国学者梅里尔·弗拉德(Merrill Flood)和梅尔文·德雷希尔(Melvin Dresher)拟定出零和困境理论;由赛尔·哈丁(Russell Hardin)④以"囚徒困境"(prisoner´s dilemma)的形式表述,成为一个博弈论中的经典模型。

假设两个行动者(囚徒)甲和乙都已被警方捉拿归案,囚禁起来,而且正面临一项重罪控诉。检方对两个行动者(囚徒)分头进行审讯,并给两人各自一次选择的机会。这个选择的机会正是囚徒困境的核心:如果某人充当背叛者,指控另一人的罪行,而与此同时,另一人保持沉默(不发起指控),那么背叛者坦白从宽,其刑

---

① Groom, A. J. R. and Dominic Powell. *Form World Politics to Global Governace-A Theme in Need of a Focus. Contemporary International Relations:A Guide to Theory*[M]. London:Pinter. 1994:82.

② [日]星野昭吉. 全球政治学:全球化进程中的变动、冲突、治理与和平[M].刘小林,张胜军译.北京:新华出版社, 2000:5.

③ 习近平.论坚持推动构建人类命运共同体[M]. 北京:中央文献出版社. 2018:30.

④ Hardin, R. Collective Action as an Agreeable N-prisoners' Dilemma [J]. *Behavioral Science*, 1971,(16):472-481.

期将减至 1 年,因为他揭发了同伙,使同伙获罪;而保持沉默的同伙则将面临 4 年的监禁。如果两个行动者(囚徒)都保持沉默,相互合作,互不揭发,由于检方控诉重罪的证据不足,审批结果会相对较轻,将分别获得 2 年的刑期。还有一种结果是,两个行动者(囚徒)都背叛对方,相互揭发,则都会被治以重罪,但考虑到都有坦白的表现,将分别处以 3 年的刑期。

表 1 描述了"囚徒困境"模型中的两个行动者(囚徒)甲和乙从博弈策略到博弈结果的函数矩阵。模型中有两个策略:合作策略和不合作策略,分别以 C 和 D 表示。两个行动者都只有一次且独立的行动机会。图中的 R(2 年刑期)、T(4 年刑期)、S(1 年刑期)、P(3 年刑期)分别表示两方在做出策略行动后获得的收益。

模型刻画的是这样一种情况:假定 S<P<R<T,且 T+S<2R,这意味着,如果两方都选择合作,不仅各自所获得的收益要大于选择不合作的收益,而且两方的总收益将达到最大值,即 2R。但"囚徒困境"的实际情况是,两方都不敢相信对方会采取合作行动,不愿承担因对方不合作而己方合作时获得的至劣收益 S,因此双方都采取不合作策略,即(D,D),最终获得收益为(P,P)的博弈结果。

乙

		C	D
	C	(R, R)	(T, S)
甲	D	(S, T)	(P, P)

表 1　"囚徒困境"模型

"囚徒困境"的核心在于"困境"二字。之所以称为"困境",是在于博弈双方在自认为完全理性的前提下做出的以自身收益最大化为出发点的选择,却最终导向了双损的结局。在这样的困境中,"收益最大化"就像一个幻象,但也仅仅是一个幻象,它永远不会成为现实。"困境"能够存在是主客观两方面的因素交织又错位而导致的。在客观方面,两方处于必须使集体收益最大化才能使自身收益最大化的"非零和"情境中。在主观方面,两方采取只顾自身收益最大化而不顾集体收益最大化,甚至采取令对方发生损失以实现自身收益最大化的"零和"策略。当主观上的"零和策略"镶嵌于客观上的"非零和情境"中时,"零和困境"就不可避免地发生了。

在当今世界经济和政治的大舞台中,"零和困境"不乏上演。

(二)人类命运共同体:新视角破解世界经济和政治零和困境

"构建人类命运共同体"理念反复强调要摒弃零和博弈思维,有一定的社会存在基础,是基于对当前世界发展形势的感性观察,即"非零和"在世界经济和世界政治两个层面的呈现。

伴随着经济全球化的发展,各国即使并非有意,也已经成为一个共同利益链条中的一环,一国发展能力受损将抑制其他国家的可持续收益,世界经济的"非零和"情境形成。

核武器的出现和以联合国为代表的国际组织的建立使国家之间发动战争的收益不能抵消其损失。冷战结束后,维护和平、共谋发展成了唯一正确的政治选择时,世界政治的"非零和"情境也形成了。

在世界经济和世界政治的双层"非零和"情境中,如果某些国家还停留在"冷战思维、零和博弈的老框框内"①，只能作茧自缚，还造成世界的动荡，使人类命运桎梏于"零和困境"。如果把零和困境的合成机制简要表示为"非零和情境+零和博弈思维＝负和结果"，那么突破零和困境的办法只有一个，即击破零和博弈思维的迷误，形成"非零和情境+合作博弈思维＝正和结果"的新模式。

"人类命运共同体"提倡共享利益观，提倡给予新兴市场国家和发展中国家公正的发展权益，为世界经济共赢局面注入接续力；提倡构建新型国际关系，使国与国之间形成良性互动而持续牢固的合作关系，为抵御各种非传统安全威胁搭筑防护网，这正是对当今世界经济和世界政治两个层面"零和困境"的题解。

1. 世界经济零和困境与"人类命运共同体"的共享利益观

对当今世界经济的所有观察，都不能脱离经济全球化现象。

全球化一词最早是由学者西奥多·莱维特（Theodre Levitt）发明的②，他用全球化一词描述 20 世纪中期出现并急速发展的一种风潮，即发达资本主义国家跨国公司纷纷在世界各地设立分工厂和销售，进行跨国管理，激发商品、服务、资本和技术的跨国性运动，国际贸易和国际金融市场空前繁盛，整个世界在生产资本和金融资本层面都联系在了一起，经济全球化现象诞生。马克思将劳动分工推广到全球范围内的生产分工时指出，资产阶级由于开拓了世界市场，使一切国家的生产和消费都成为世界性的。旧的、靠

---

① 习近平. 论坚持推动构建人类命运共同体[M]. 北京：中央文献出版社. 2018：255.

② Theodre Levitt. The Globalization of Markets[J]. *Harvard Business Review*，1983，61（03）：92.

本国产品来满足的需要,被新的、要靠极其遥远的国家和地带的产品来满足的需要所替代。过去那种地方的民族的自给自足和闭关自守状态,被各民族的各方面的互相往来和各方面的互相依赖所替代了;过去那种要依靠本国消费和生产满足资本积累的需要被世界消费和生产的形式所替代。一国的经济可持续增长离不开所有世界消费和生产承载国的经济增长能力,经济收益和消耗全球共享,"非零和"的经济发展情境客观形成。

"非零和"的经济环境并不意味着会自动过滤"零和"式的经济行为,因为资本优势国家同时也是国际分工的优势国家,即双优势。优势国家同时是现行国际秩序的设计者,他们通过控制国际货币基金组织、世界银行、世界贸易组织等国际组织掌握着国际金融、贸易规则的制定权,在经济行为中预设对其有利的规则。此外,优势国家通过技术水平的落差来实现财富的转移。可是,优势国家的财富收益并不是持久的。当这种"零和"式经济行为遭遇"非零和"的经济情境时,"零和困境"在经济层面的产生是必然的,具体表现为"零和"天平短期内向发达的资本优势国家倾斜,使资本优势国家和劣势国家在短期内出现一"赢"一"输"的局面。而接下来将出现一种连赢的一方都颇感意外的连带效应:由于资本优势国家一般会把在本国趋于过剩或被淘汰的技术项目、技术生产设备和企业转移到发展中国家,发展中国家会被路径依赖式地限制在技术层次较低的等级上,被抑制国家丧失经济发展后续动力,其低端价值链和低等温饱水平无法进一步为优势国家提供充足的投资市场和消费容量,这反过来将抑制资本优势国家下一轮的资本实现,资本断流将最终引发全球性的金融危机。在金融危机中,资本优势国家的经济增速退回到上一个经济增长周期的水平,其至出现经济停滞常态化特征。新兴国家的经济发展被抑制而导致资本优势国家被"反抑制"的现象实际上是资本无限扩张与资源有限再生之间的矛盾表现。在这种矛盾运动中,经济全球化链条上的所有国家都要面对"两败俱伤"的局面,即使有的国家坚持着"你输我赢"的思维不放,也没有谁能够成为真正的赢家,世界经济层面的"零和困境"就这样发生了。

面对世界经济的"零和困境","人类命运共同体"提倡摒弃零和思维,提出先以"利益共享"带动"利益共赢",这是一种釜底抽薪又能收获长效的科学设计。

正确的义利观是"利益共享"的价值观基础,通过在"追求本国利益时兼顾他国合理关切"是维护世界经济增长可持续动力的基本理性。其中的"他国",尤指新兴市场国家和发展中国家。过去十年,新兴市场国家和发展中国家对全球经济增长的贡献率已经达到80%,成为世界经济增长新引擎和维护世界经济版图平衡的系统性力量。在当前全球供应链、产业链、价值链中,先起优势国家在每一轮的全球性经济活动中兼顾新兴市场国家和发展中国家利益的程度,与下一轮经济互动的总收益和本国在其中的利益配额成正比。发达国家只有在利益分配时赋予和激发新兴市场国家和发展中国家的后行优势,只有建设公平公正、包容有序的世界贸易与金融治理体系以提升新兴市场国家和发展中国家的发展权益,才能为世界经济进一步增长的可能空间扩容。

"人类命运共同体"理念敏锐捕捉到经济全球化中"西方发达资本主义国家"与"新兴市场国家和发展中国家"之间的非零和式的协同联动效应,提倡每个国家在全球性经济活动中都应该保持足够开放的态度,通过"利益共享"达到"利益共赢",可以说是抓住了扭转世界经济"零和困境"的金钥匙。

2. 世界政治"零和困境"与"人类命运共同体"的

新型国际关系

时代总在变化。列宁曾经将第一次世界大战之前的时代界定为"战争与革命"的时代，事实也确实如此。从"一战"到"二战"再到"冷战"，大国之间的战争或是大国之间利用从属国进行的战争连年不断。随着以下三种事物的出现，冲突升级乃至爆发战争的力量从不同角度被抑制，战争的势力逐渐被和平的势力替代。这三种事物分别是核武器、联合国、全球化。

核武器的发展对于战争的发生具有辩证的抑制作用。二战结束之后，尽管国际冲突一刻未停，局部战争此起彼伏，大国之间也曾长期冷战对峙，在个别时间点上甚至剑拔弩张，但彼此并未发生战争，其原因就在于大国间正在采用"战争边缘政策"，即进行激烈的军备竞赛特别是大规模研发和装备具有巨大破坏力的核武器。核武器的产生使武器的暴力力量接近于极限，那就是一旦利用这种致命的武器技术作战，结果将是敌我双方同归于尽。在发动战争之前，国家领导人必须能够判断出发动战争的代价是否在国家能承受的范围内——就连希特勒也一样——无法预见胜利，则不发动战争。但是，核武器已经将战争提升到无法评估代价的地步。一按按钮即可将对方化为灰烬——在两个国家都拥有这种能力的状况下，哪个国家都没有胜算。因此，不管多么鲁莽的独裁者，都会认为发动战争不合算。华尔兹说，发动战争，不但不能取得胜利，甚至可能会失去一切。实际上，在冷战时期，核抑制力和相互确保摧毁——这两个理论支撑着超级大国的核武装平衡，并由此产生了"核和平"提议，从而使世界主要国家在第二次世界大战后维持了长期的和平，避免了正面冲突。具有代表性的核战争边缘事件就是古巴导弹危机。1962年10月13日，美国和苏联相互威胁要消灭对方。但是，他们意识到一旦发生战争，将以全军覆没为结局，于是两国在千钧一发之际撤退了。用鹰鸽博弈解释，当致命武器的出现使争斗损失超过争夺资源的价值收益时，争斗各方反而会有和缓的"鸽"策略。这就是为什么我们现在常说"大国之间无战争"。

尽管如此，核武器在维护人类和平中的作用也不能被过度夸大，这会挫伤人类控制战争的主观意志，同时增加人类对核武器"抑制"的工具性依赖，刺激核武器的竞赛与扩散。最后的结果是世界大战在核威慑下暂时得到了一定程度的抑制，但局部战争却不断，被动增加了小国谋求大国庇护的压力。

联合国是在第二次世界大战的硝烟中孕育而生的，受世界反法西斯同盟合作胜利的鼓舞，国际社会对战后通过集体安全机制，维护国际和平与安全的要求显现。1945年10月，《联合国宪章》（以下简称《宪章》）正式生效，标志着联合国的正式成立。《宪章》宗旨第一条，即"以和平方法且依正义及国际法之原则，调整或解决足以破坏和平之国际争端或情势"。作为最重要的国际法，它确立了战后国际关系的基本准则，成为战后国际秩序的基础。尽管由于东西方冷战和美苏争霸，联合国的作用受到极大限制，但联合国通过维持和平行动、非殖民化、发展十年战略等行动，仍然为世界和平、发展和人权等作出了巨大贡献。冷战结束后，特别是进入21世纪以来，联合国通过不断改革，在应对气候变化、贫困、恐怖主义等全球性挑战方面发挥着引领作用。

　　维护世界和平与安全是联合国的首要目标。为了避免新的世界大战，在吸取国际联盟教训的基础上，联合国建立集体安全机制，实行大国一致原则。会员国把维持国际和平与安全的主要责任授予安全理事会，可采取包括军事行动在内的一切手段以防止侵略、实现和平。冷战开始后，直接的国际冲突主要发生在大国与小国或小国与小国之间，而不是大国之间。联合国在实践中创新地通过维持和平行动来处理国际冲突。维和行动处于和平方法和强制手段之间，成为联合国解决国际冲突的主要方式。冷战结束后，联合国的维和行动发生了很大的变化，特别是强调维和前的预防冲突和维和后的建设和平。因此，我们需要从全球安全治理和国际公共安全产品的视角来审视和解读联合国维和行动。联合国在防扩散、裁军、军备控制等传统安全领域取得一定的进展。以防核扩散为例，在维护《不扩散核武器条约》有效性的同时，积极推动无核区建设，举行核安全峰会，通过《制止核恐怖主义行为国际公约》《禁止核武器条约》和联合国安理会第 1540 号决议等法律文件。在非传统安全领域，联合国在打击恐怖主义和海盗、应对气候变化和金融危机、处理难民移民等全球性问题上开展了大量工作。2001 年 12 月 10 日，联合国及时任联合国秘书长安南荣获诺贝尔和平奖，表明联合国在促进世界和平事业上的作用得到国际社会公认。可以说，联合国已经形成并将继续发挥以谈判解决争端的维和力。可持续和平是联合国倡导的新理念，是实现世界和平的新途径。可持续和平的核心是强调发展、人权与和平的相互关联和相辅相成。2016 年 4 月，联合国大会和安理会分别通过决议，提出要采取新的综合方法来实现可持续和平。为此，联合国特别重视通过可持续发展、预防冲突和建设和平来促进可持续和平。

全球化带来了完全不同的可能收益空间,即采取避免战争的和平策略将使各方获得收益。各国利益相互交织镶嵌,尤其是大国之间的战争成本将远远高于收益,这是从无数个惨痛的历史经验中得来的教训。全球化的非零和经济合作越多、越紧密,一触即发的战争便会越少。当然,在全球化时代,人类在享受跨国传导的收益时,也不得不面对跨国传导的危机。二战后,世界性的大型战争虽然没有爆发,但传统安全威胁依然存在。局部战争的火焰通过全球化的传导绵延不绝,战争造成的绝不仅是战争本身的灾难,战争的衍生品——难民问题也会殃及周边,甚至全球。另一方面,新安全问题层出不穷,各种非传统安全威胁逐渐上升为抑制各国发展的主要威胁。相对于传统安全领域的问题,非传统安全领域(如网络犯罪或气候污染)的问题更加错综复杂。解决这种威胁不再依靠彼此为战,而是依靠彼此联合,国家之间避免战争而联合抗击威胁的收益远远高于发动一场战争的收益。

综合以上三点要素,当今世界国家间的争端冲突升级为大型热战的可能性被抑制,国家间的威胁逐渐让位于所有国家面对的"共同威胁",只要采取合作,各国将获得巨大的"共同收益",这些表象揭示了当今世界政治的"非零和"的客观条件已经基本形成。然而,客观条件并不总能及时转变为普遍的主观认识,国家间的敌对意识仍存在。当"零和"式的政治思维遭遇"非零和"的政治情境时,"零和困境"就产生了。如今,许多持有"零和"式政治思维的国家虽然不再以夺取他国领土为提升其权益地位的手段,但取而代之的是更加温和的手段,即利用一些国际组织规则和法律继续维护其霸权与强权。这在影响了国际组织功能正常发挥的同时造成地区冲突和动荡,在各种非传统安全威胁面前,全球治理赤字频现,"制度失灵""治理失序""世界失常"等全球治理乱象,其罪魁祸首就出在资本身上。包括维也纳体系、凡尔赛—华盛顿体系和雅尔塔体系在内的历次全球治理体系的瓦解、两次世界大战的爆发、某些国家近年来的逆全球化行为无一不暴露了资本控制与支配下的全球治理体系具有的"因利而聚,因利而散"的不稳定性。"资本不是物,而是一定的、社会的、属于一定历史社会形态的生产关系。"当这种关系使人与资本在全球治理中的主客体关系发生倒置,人的理性必然让位于资本的理性,"资本说了算,人类照着办"的逻辑造就了全球治理的零和困境。

"零和"式政治思维主导下的国际关系模式赋予了当今全球治理体系"恃强凌弱"的特质,也强化了全球化在世界经济层面"扶强抑弱"的特征。国际政治运行必须破解其自身现存的"零和困境",才能充分实现"和平与发展"的时代诉求。

国际政治的核心问题首要是国家安全问题。现实主义的国际政治理论在寻找国家安全的方式上具有"零和"内核,即认为自身安全要依靠打击他国获得,别国的强大就意味着对自身的威胁。这种"树立敌人"的做法不但无助于解决自身安全问题,还会让全球处于"安全困境"。

"人类命运共同体"强调安全要靠合作而非敌对获取,强调要以"公道"超越"霸道",最终要以新型国际关系的构建超越旧型国际关系的局限。

新型国际关系是一种什么样的国际关系?新型国际关系就是

以合作共赢为核心的国际关系①。合作共赢是新旧型国际关系的
最主要区别所在，它是新型国际关系中最为强调的，也是旧型国际
关系中最为欠缺的。其实在旧型国际关系中，许多国家之间也有
合作，然而与竞争相比，合作是从属地位，竞争才是主旋律，合作是
手段，而竞争是目的。新型国际关系突出实质性合作，即以合作为
目的而非手段，彻底抛弃了旧型国际关系中霸权主义和强权政治
的意识逻辑，这是突破全球政治零和困境的根本前提，是一种能适
应全球化进程中国际政治向全球政治过渡的关系理性。新型国际
关系强调"相互尊重、公平正义和合作共赢"。以合作共赢为根本
遵循，强调相互尊重，也就是强调了各国之间要尊重对方自主选择
的社会制度和发展道路，反对以大欺小、以势压人的强权政治，阐
明了国际社会是由各国平等互构而成。公平与正义本质上作为一
种思想观念，是常被一同用来衡量人们社会关系状态的两个范畴。
前者侧重表现为社会交往主体的平等与社会利益的合理分配；后
者侧重表现为社会关系的规则设计和制度安排所达致的理性化程
度与正当性高度，二者辩证统一。强调公平正义，也就是强调了要
从国际关系发展的全局均衡性和长远稳定性考虑国家安全，不能
一个国家安全而其他国家不安全，一部分国家安全而另一部分国
家不安全，更不能以牺牲别国安全谋求自身所谓绝对安全的正确
安全观，阐明了国家间的安全也同样具有互构关系。"人类命运共
同体"严格遵循全球治理体系演变所积累的一系列公认原则；如
《威斯特伐利亚和约》确立的平等和主权原则；《日内瓦公约》确立

① 习近平.论坚持推动构建人类命运共同体[M].北京：中央文献出版社.2018：6.

的国际人道主义精神；《联合国宪章》明确的四大宗旨和七项原则；万隆会议倡导的和平共处五项原则，推动全球治理主体的权利平等、发展机会平等、适用规则平等，回应与解决了全球治理体系跨世纪的长期公平缺失和正义缺位问题。

二、跳出困境的充分可能

人类是自私的，恐怕这个命题没太多证据可以反驳，但同样也有很多证据表明人类社会从古至今充满了合作。人与人之间合作的广度和深度，让我们人类可以称为已知的宇宙中最伟大的合作者，使得我们可以在地球上各种生态环境下生存，甚至可以到月球甚至更远的星球去探索。无论是个人、社群乃至整个国家，都希望从相互合作中获得发展、进步。

社会理论的基本概念从来没变，人类社会是合作，而不是冲突。虽然人类互动存在零和困境，但是也有很多事实表明，人类社会有大量通过合作取得共赢的例子。无论在个人、社群乃至国家层面，都希望从相互合作中获得进步、发展。大量的人类学和社会学研究说明，人与人需要以某种没有外部强制力的方式发生联系实现互助，这不仅是契约论的前提（而不是结果），也可以在生物学发现上得到佐证，群居类的许多物种都能在无外部权力的情况下遵守一种相互合作与扶助的行动秩序，当然也包括人类生物。共在是存在的前提，"仁"是人的先验，社会共同体对个体来说是必要的。无论是从较小、较接近个体的共同体，还是较大、离个体较远的共同体，这一思想可以追溯到柏拉图和亚里士多德。

问题是，人类为什么会合作？或者说，人类是如何恰巧通过合作走出零和困境的？

（一）博弈论的解释

在"囚徒困境"理论被提出后，很多学者对囚徒困境进行重复性实验，提出重复囚徒困境的模型。与囚徒困境的"困境"特征完全不同，重复囚徒困境不再是困境，而是关于困境的"消解"。重复囚徒困境的总观点是，人类社会长期、持久而频繁的重复性互动活动为合作创造条件。

最早提出重复囚徒困境理论的是艾伯特·查玛（Albert Chammah）和阿纳托尔·拉伯伯特（Anatol Rapoport, 1965）[①]，他们用重复囚徒困境理论探索个体理性的边界，后又投身于全球和平事业。特里弗（Trivers, 1971）[②]将"重复囚徒困境"用于对动物行为的分析，他是第一位对重复囚徒困境模型在生物学中重要意义予以认可的学者，并提出合作因演化而生。这一观点在同年由经济学家詹姆士·弗莱德曼（James Friedman, 1971）[③]独立提出。可以说，"合作因演化而生"是同一年诞生于生物学和经济学两个不同领域的共有观点。因为提出"合作因演化而生"这一见解的学者众多，跨界广泛，奥曼甚至在后来称之为"无名氏定理"（Polk Theorem）。

---

① Rapoport A. , Chammah A. . Prisoner´s Dilemma: A Study in Conflict and Cooperation [J]. *Ann. Arbor*, 1965.

② Trivers. The Evolution of Reciprocal Altruism[J]. *Quarterly Review of Bidogy*, 1971,46(01):35-37.

③ Friedman, J. W. A Non-cooperative Equilibrium for Supergames [J]. *Review of Economic Studies*,1971: 861-74.

阿克塞尔罗德(Axelrod)和汉密尔顿(Hamilton,1981)①正式提出重复囚徒困境的博弈模型,作为囚徒困境模型的扩展。

表2表示重复囚徒困境模型的收益矩阵。我们可以与表1对比来看。假设甲方合作投入为c,使得乙方获得收益为b,同样乙方合作投入为c,使得甲方获得收益为b。当两方都选择合作策略时,每个人都可以获得b-c>0的净收益。

乙

甲		C	D
	C	(b-c, b-c)	(-c, b)
	D	(b, -c)	(0, 0)

表2　重复囚徒困境模型

设定博弈双方有 δ 的重复交互概率,经过多项博弈实验推演证明,当δ>c/b时,合作策略(C,C)将会成为演化稳定策略,即大多数主体持有并长时间保持的策略。这种结果构成了对囚徒困境稳定均衡策略(D,D)的消解,说明只要博弈双方有重复进行博弈的机会,那么他们会从上一次的收益情况不断调整策略,逐渐放弃零和博弈思维。

演化稳定策略强调了可供主体重复互动的环境是影响主体行为的重要作用。在静态竞争博弈向动态合作博弈过渡的过程中,信息状态的变化起到了至关重要的作用。信息由静态博弈中的不

---

① Axelrod, Robert and William D. Hamilton, The Evolution of Cooperation [J]. *Science*, *New Series*,1981:1390-1396.

对称状态，转化为动态博弈中博弈主体的信息交流和信念更新行为。在动态博弈中，由于博弈主体能够从上次博弈结果获得信息，以此来权衡利弊、掌握对方的偏好和策略并以此来调整自己的策略，并在这一过程中，最终可以认清彼此之间利益的相关性，损人终将不利己。于是，一次性的静态博弈中因信息不对称造成的最差的结果，在动态博弈中往往能够得到改善。博弈活动往往从两败俱伤的非合作走向合作，最终实现博弈主体的利益最大化。越高的重复交互概率 δ 就意味着主体越易于采取互惠利他的"非零和"思维，形成合作关系（C，C），获得正和收益。这表达的正是孔子的"己欲立而立人，己欲达而达人"。与之相对，极低的重复交互概率 δ 是很难形成合作条件的。在疏离的环境中，主体间因相继使用非合作策略 D，形成对抗关系（D，D），主体的收益组合倒退回至劣解（0，0）的状态。这就不难解释为什么在逆全球化的风潮中，一国的贸易保护行为会像多米诺骨牌一样引发各国之间的报复性措施，进而全球经济整体的可持续增长能力都会受到抑制。

尽管如此，还没有一种博弈模型能够对人类行为进行完全描述，重复囚徒困境也不例外。它并未否认在人类历史和现实中没有存在损人利己的情形，它只是说明了为什么合作会成为人类生活恒在的内容，也说明了为什么以冲突消解另一种冲突的国际政治正在失效，全球治理更是无从谈起。伴随着地理大发现再到全球市场的出现，从交通网络再到互联网络无孔不入，重复囚徒困境的条件已经形成。重复囚徒困境对囚徒困境消解路径的提示是，吃一堑长一智确实是人类的天赋，只是这种天赋的发挥也需要一定条件，只有给予人类开放的互动空间，跳出困境才有充分可能。

(二)人类命运共同体:全球化不可逆
——公共性终将超越私有性

关于逆全球化的表现,国内外学者的普遍看法可归结为两个方面,一是贸易保护主义抬头,主要表现为部分国家退出国际组织;二是民粹主义盛行,以及西方政客利用民粹主义情绪将本国问题归咎于外国,如西方左翼鼓吹孤立主义、西方右翼单边主义。关于逆全球化的根本原因,在于资本的痼疾。"纵观资本主义三百年的发展史,收入不平等产生的根本原因在于资本收益率超过经济增长率。"①

如单从时间上来看,逆全球化的表现和原因之间有一个"时间差"的问题,之间跨越三百多年。逆全球化也许是一个新名词,可实际上它是全球化的固有矛盾从量变突破到质变的一种表现。这个度,就是全球化在今时今日的发展与我们对全球化的需求之间产生的重大不协调。马克思在关于资本本质的揭示中也预示了全球化的矛盾,当资本走向进一步全球化的时候,一方面资本的属性驱使跨国公司为获取高额利润,到处设厂、到处布局其生产或加工场所,到处雇佣它需要雇佣的工人,而政府会为这种利益最大化提供多方面的政策保障。另一方面,由于跨国公司生产的全球化,带来了某些行业在母国的退出,出现就业机会的绝对减少情况,即使在其他新兴行业增加了就业机会,那些失业者也很难回到工作岗位上。政府出于社会稳定的需要又必须考虑就业问题。这种全球

---

① [法]托马斯·皮凯蒂. 21 世纪资本论[M].巴曙松,陈剑,余江,等译.北京:中信出版社,2014:27.

化与国家利益的矛盾在这里很难调和,因此,反对因为全球化阻止后起国家制造业发展,就成为某些国家在找不到新出路时采取的权宜政策和措施。权宜之计成为新常态,"逆全球化"风潮迭起。

人们为了创造历史,首先要进行物质生产活动,作为其他一切历史活动的前提,这是唯物史观的基本观点。马克思、恩格斯基于唯物史观提出现代化作为物质生产活动出现后,历史向"世界历史"转变的思想,"真正的共同体"必然在"世界历史"之后形成。

"世界历史"发展到今天经历了三个阶段。在"世界历史"的前两个阶段,即第一个阶段开辟和形成时期——商品全球化阶段,以及第二个阶段快速发展时期——资本全球化阶段,资本主义生产方式开启了世界市场,却从未开启"真正的共同体"——能够代表每一个个人利益的共同体。因为"生产力的普遍发展"是实现"真正的共同体"的必要条件,"每个人自由全面发展"是"真正的共同体"的最终目标和最高境界。在马克思看来,人类共同体最初脱胎于以血缘、地缘为纽带的"自然的共同体",资本逻辑及其世界性扩张瓦解了前一个共同体并将人类带入了"虚幻的共同体",而资本逻辑的历史极限及最终实现的自我扬弃将创造并带领人类进入"真正的共同体",即共产主义社会。应当明确的是,我们当前仍处于资本逻辑宰制的历史时期,全球化发展的历史方位仍是资本主导的"物的依赖"关系阶段,因而当前全球治理体系只是发达资本主义国家为实现资本世界性和攫取剩余价值而建立的"虚幻的共同体"联合。"商品全球化"和"世界市场"的推进提升着国际社会生产力的总体水平,但受资本主义生产方式反作用的国际社会生产力水平则表现出非对称性。西方发达资本主义国家凭借强劲技术优势扩大对于亚非拉大部分发展中国家的剥削。因此,从全球来看远远没有达到"生产力的普遍发展"。从整个人类社会来看,世界各国的社会生产力水平仍然存在较大差距,并且在现有国际秩序中这种差距会越来越大。马克思指出,在资本主义统治之下,所谓社会生产力仅仅是资产阶级的社会生产力,"无产者只有废除自己的现存的占有方式,从而废除全部现存的占有方式,才能取得社会生产力"①。并且,他认为,不论是"自然形成的共同体"还是"虚幻的共同体",都不能实现"每个人自由全面发展",真正占有人的本质;只有在"真正的共同体"中,才能彻底摆脱"一些人统治,另一些人受苦"的社会状态,促进"每个人自由全面发展",实现人类解放的伟大梦想。对此,马克思、恩格斯在《共产党宣言》中进一步强调:"代替那存在着阶级和阶级对立的资产阶级旧社会的,将是这样一个联合体,在那里,每个人的自由发展是一切人的自由发展的条件。"在这里,"共同体"和"联合体"指代的就是"真正的共同体",即一种既能促进"每个人自由发展",也能促进"每个人全面发展"的共产主义联合体。其中,"每个人自由发展"是相对于资本主义生产方式和制度架构下"每个人的不自由"而言的,即在"真正的共同体"(即共产主义社会)中,由于生产力水平高度发展,劳动能力和劳动时间不再是社会分配的尺度,劳动者摆脱了谋生的压力,劳动不再是一种枯燥乏味的、强制性的活动;而是一种发挥人的兴趣和才能的社会活动;一种获取生活乐趣和愿望的源泉与动力;一种自由、自觉、自主的"生活的第一需要"。诚如马克思、恩格斯所设想的,在共产主义社会里,人们"可以在任何部门内发展,社会调

---

① 中共中央马克思恩格斯列宁斯大林著作编译局编译. 马克思恩格斯文集(第二卷)[M].北京:人民出版社,2009:42.

节着整个生产，因而使我有可能随自己的兴趣今天干这事，明天干那事，上午打猎，下午捕鱼，傍晚从事畜牧，晚饭后从事批判，这样就不会使我老是一个猎人、渔夫、牧人或批判者"①。可见，"每个人全面发展"是相对于"资本主义社会中因劳动异化而导致人的身体部分及能力的畸形和片面发展的生存状况，以及少数人的发展总是以牺牲多数人的发展为前提和条件的不平等生存状况"②而言的。

"世界历史"的第三个阶段是转型时期——现时的全球化阶段，正是围绕着全球化的"公共性"日益凸显表现出来的外在形式。依然引用英格·考尔等学者在《全球化之道——全球公共产品的提供与管理》一书中开篇提到的观点，全球化常常与日益增强的"私有性"联系在一起，但就全球化的本质而言，同样也关系到日益突出的"公共性"，它包括两个方面的规定：一是本体论意义上的各国人民的生活紧密相连；二是实践论意义上全球化发展需要全球公共产品的供应。国际学界对于全球化的"公共性"具有广泛的研究和认知基础。"人类命运共同体"思想与全球化"公共性"具有内在逻辑的一致性。可以说，"人类命运共同体"以中国话语丰富、深化了"公共性"的内涵。由国际社会关于全球化"公共性"的认识出发，建立关于"人类命运共同体"的阐释语境，有助于其学理化国际传播。

---

① 中共中央马克思恩格斯列宁斯大林著作编译局编译. 马克思恩格斯文集(第一卷)[M].北京：人民出版社，2009：537.

② 刘同舫. 马克思人类解放思想论[M].北京：人民出版社，2022：204.

1. 本体论意义上的"公共性"：世界各国人民生活的相互联
   系增强

　　全球化现象源于新的生产方式的诞生，主要包括跨国公司的
建立、国际贸易的繁盛和金融市场的兴起，即经济的全球化。私有
性是经济全球化的初始特征：商品、要素和金融资产市场被全球范
围内的套利活动所统治。对物质的私人占有和私人资本对利益的
追逐，推动了私人跨国经济活动的发展，将更多的产品和服务推向
市场，促进了经济自由化和国际市场的一体化，使整个世界在经济
层面都联系在了一起，结果是为全球的经济发展注入了一股新的
生产力——"全球生产力"。然而这种以对物质的私人占有和对利
益的追逐而产生的联系却是非对称的，主要表现为国际工厂的暴
利、国际分工的深化和结构性调整、国际资源的集中和再分配、私
人跨国公司在国际贸易中的突出地位。

　　经济全球化的私有性首先是经济意义上的私有制生产关系，
但它还有另外两个表现，即私有权和私有观念。私有权是私有制
（经济利益）在法律上的合法化。伴随着全球私有制生产方式的诞
生，霸权主义、强权政治甚嚣尘上，本质上都是对这种经济制度的
维护，对私人或私人集团利益的维护、对私有制生产方式的维护。
私有制中自然物质和生产物质始终具有竞争性和排他性，因此在
观念上首先表现为物"有所属"，即私有观念，其次表现为"你多我
少"，损人利己、你输我赢的零和式博弈思维。私有性、私有权、私
有观念三者协同引起的全球化问题是多方面、深层次、全方位的，
包括世界资源加速短缺，环境风险、金融风险频现，国家安全问题
和地区动荡问题层出不穷。这些问题的出现，反过来影响了全球

生产力的进一步增长和优化发展。不过，也正是这些跨越国家、地区、人口群体的国际问题将世界各国人民生活相互联系，成为全球化"公共性"本体论意义层面的表现。

经济全球化、区域一体化快速发展，不同国家和地区结成了你中有我、我中有你、一荣俱荣、一损俱损的关系。这就决定了在处理国际关系时必须摒弃过时的零和思维。联合国教科文组织总部大楼前的石碑上用多种语言镌刻着这样一句话"战争起源于人之思想，故务需于人之思想中筑起保卫和平之屏障"。"地球村"正是当今人类世界在全球化进程中的真实写照。在经济全球化中，即使是经济利益共同体也是十分脆弱的，它会因为国家之间在安全、政治等方面的矛盾而解体，进而引发冲突。与单一的经济利益共同体相比，人类命运共同体已经发生本质性的变化。共同命运是对共同利益的超越，它是不可交换、不可取舍的。中国提出的"人类命运共同体"是包含了利益共同体、安全共同体、责任共同体等多方面相互关联的共同体。用合作共赢取代零和式博弈思维，着眼于从理念上根本性地解决全球发展面临的现实问题，是对"世界生活普遍联系"这一全球化"公共性"在本体论意义上内涵的丰富和进一步阐释。

2. 实践论意义上的"公共性"：国际公共优品的供应

"公共性"是全球化的本质属性之一，也是许多事物存在的一个自然状态。在原始社会的早期并不存在物质财富的私有制和私有权。随着剩余产品的出现，私有性将事物带离公共领域，划属私人领域，是一种人类的发明创造、一种人为的社会建制。其后，人类的理性和反思能力又创造出了符合公共性的管理制度。以此类推,对全球化进行管理,尤其是由于全球化的"私有性"造成的很多问题的治理,同样需要规划公共政策行为。

全球化产生的问题不是无限的。这些问题最终都汇总为一个问题,如何重新思考并重新定位公共决策制定,使之适应今天各国相互依存的新现实格局? 更确切地说,今日的全球化管理是否充分尊重和体现了世界各国人民的生活紧密相连、休戚与共的事实? 实际上,全球化"公共性"的第一方面内涵已经蕴含了第二个方面的内涵。经济全球化产生的诸多弊端源自私人在追逐物质和利益的过程中表现出的竞争性和排他性,那么全球化的良性发展就需要能够体现非竞争性和非排他性的公共管理手段来维护。

"公共产品"的概念首先由萨缪尔森(Samuelson)在 1954 年提出①。虽然他提出的解决方案无可挑剔,但是其理论建立的假设前提过于严苛,即假设公共产品消费者群体拥有一种运行良好的、可正式的政府结构。这种假设在国际无政府状态下并不适用。为了方便讨论,我们有必要对"公共产品供应"进行一次历史性回顾,认识在国家政府承担责任前公共产品供应是如何得到满足的。

在包括中世纪之前,如今人们熟知的公共产品,在人类社会的早期要么根本就不存在,要么就是由志愿者或者私人来供应的。比如医院就是由教堂或者慈善组织以私有方式经营并资助。中世纪的公共产品供应的数量和质量在不同城镇之间具有较大差距,主要取决于一个城镇的经济状况,以及贵族、封臣、佃户或家族之间的关系。资本主义的发展进一步推动了现代国家的诞生,但是

---

① Samuelson, Paul A. The Transfer Problem and Transport Costs [J]. *The Economic Journal*, 1954,64(254):264-289.

国王的财产和国家政府的财富之间起初并没有严格的划分，国王对军队的开支承担着更多责任，同时战争也是扩大国王财产的一个途径。在这个时期，国家的角色以及提供公共产品的行为主要都是顺应富有阶层以及权力阶层的利益。虽然这些行为在某种程度上也惠及贫困群体，但这更多的是迫于政治压力，而不是出自对民众利益的关心。由私人提供公共产品也是中国古代公共福利的主要特征。在西汉时期，晁错向皇帝提出"贵粟"之策，也就是鼓励有钱人家购买农民的粮食，捐献国家。汉武帝受晁错贵粟之策的启发，不仅卖爵筹集赈济资金，还提出"宠富民之假贷者以救之"，借贷民间资金进行社会救助，其后政府偿还富民先行支付的钱物，还对这些义民奖以爵位、官职，或免征若干年租税。政府还通过同样方法引导民间资金进入公共工程、文教事业等领域，政府自身也通过出售出租公田、节省政府开支，鼓励基层政府"畜鸡豚，以赡鳏寡贫穷者"等措施，多方面筹集资金。唐宋继续把"劝富豪以助济施"作为重要国策，但只是作为一种补充，主要用于特定的灾难救助、军事支出和水利工程。由于这一时期宗教慈善事业有了很大发展，政府主要通过"政府购买服务"的方法，给予宗教团体一定量的土地，用此后的地租来兴办一些常规性福利机构，来为社会提供养老、医疗、救济、丧葬等基本公共服务。明清时代最大的制度创新是制定了"立牌坊以彰尚义"的制度，就是通过特定的荣誉，来表彰人们的善行，引导人们积极出资参与社会福利和地方公共建设。牌坊的表彰对象，不仅包括纳钱获爵者，还包括大量在民间乡里、宗族互助中表现突出者①。

18世纪中后期的工业革命以及同时发生在法国以及北美的政治革命改变了国家的性质，公民的概念也诞生了并成为政治权力的来源。社会创造的财富超越了国王的财产，国王和国家政府也不得不开始面向社会征税。在19世纪工业资本主义的进一步作用下，欧洲城市人口聚合产生的外部效应给教会组织、私人资本家以及其他的富有阶层带来的负担超出了他们的承受限度。在英国，一系列的饥荒与饥民暴动致使人们强烈要求出台《济贫法》。同时，公选制度被提上议程。也是在这一时期，政府越来越多地介入国际合作协议的签订过程中。这些协议大多涉及交通与通信问题，以及卫生检疫等健康问题。国家政府开始提供公共优品，但是这种供应并不具有自主性，而是由改革派、政治运动、工会以及健康与卫生专家通过不断地争取来实现的。这一时期的公共产品供给者并不关心需求偏好，而是在更大程度上揣度需要而采取措施来消解对工人群体暴动的恐惧、对快速增长的城市人口的畏惧。

公共产品供应在20世纪取得决定性突破。国家政府的发展在凯恩斯主义"黄金时期"表现得最为显著，更高的收入、更高的公共税收与更多的人口以及人们对于公共产品供应寄予的更高的期望相伴而生，公共产品理论也正是在这一时期才走向成熟，但也导致了理论派过于聚焦于"政府角色"。公共产品理论认为，公共产品的特征是具有完全的非排他性和非竞争性，具有这种特征的产品存在着"市场失灵"，因此只能由政府来提供。但无论是从历史

---

① 史卫."善"为少米之炊 中国古代的公共福利体系[J].人民论坛，2013，（31）：78-80.

上看，还是从社会现实来看，任何一个国家的政府都不可能是公共产品唯一的供给主体，都无法独自提供全社会的所有公共产品。在公共产品的供给上应当实现政府与市场、政府与民间的协调合作，构建层次多样的供给结构，从而发挥不同主体在信息、资金、人才方面的自身优势。

不仅在中国古代史上，我们可以看到赐爵筹资、公私合作、政府购买服务等多种模式的探索。在西方历史上，我们同样可以看到类似的探索，雅典的公共事务多采用按照财产等级进行捐献；罗马城的建设中广泛运用公私合作模式；基督教会、伊斯兰教会等宗教团体也同样参与过公益事务。即使在古代东亚体系中，所谓的"中国中心论"也只是虚幻。实际上，周边国家也同古代中国一道，参与了区域公共产品的供给过程。区域公共产品共同参与的供需模式表明，朝贡体制是中央王国与周边邻国相互博弈的一个产物，不能轻易地认为它仅仅是中央王国凭借其优势把自身的想法强加到周边邻国的结果，多中心复合同心圆的体系结构更符合历史的真实①。

如今，公共产品的国家经济统治论定义显然已经属于一个特定的历史时期了，而我们即将走出这一时期，或者说已经走出了这一时期。即使这样，历史经验并非毫无参考价值，而是通过更大的时间跨度、更丰富的历史经验验证公共产品供应的核心问题从来不是由谁来供应的问题。换句话讲，不论是由谁来供应，都可能会短缺或者优供。公众似乎正在更直接地参与公共产品偏好的阐述

---

① 赵思洋.周边需求的视角：古代东亚体系中的区域公共产品[J].当代亚太，2019(02):41-66、156-157.

中、参与推动公平的磋商，在国内以及国际舞台中，为国家性以及全球性的公共产品的供应献力。与由谁来提供公共产品的问题相较，更为关键的是关于公共产品"所需供应"问题的群体认知乃至共识的达成，即一定范围内，一定程度上我们需要什么样的公共产品。

公共产品的普遍性特征在全球公共产品的供应方面没有实质差异。全球公共产品是收益延伸至所有国家、群体以及世代的产品，这些产品是因人类行为和政策选择而拥有全球性的。首先，它应该具备消费的非竞争性和非排他性；其次，它是多个国家以及国际组织应该对何种公共产品，包括物品、资源、设施以及规则制度和政策体制将得到多数国家的认可和推广达成共识并形成公约；然后，再由这些主体承担主要责任并提供给国际社会共同使用。全球公共产品并非新生事物。许多产品，尤其是全球性的自然共有物早在人类活动开始之前便已经存在，包括空气、月光、地心引力、电磁波以及公海等。联合国《执行联合国千年宣言的路线图》指出，在全球公共领域，需要集中供给的公共产品包括针对所有人的基本人类尊严，包括普遍获得教育和卫生保健的权利、尊重国家主权、全球公共健康（特别是传染病控制）、全球安全（一种远离犯罪与暴力的全球公共领地）、全球和平、跨边界协调的通信与运输体系、跨边界协调的制度基础设施（如市场效率、普遍人权、透明与负责的政府管理以及技术标准的协调等）、一致的知识管理（包括在世界范围内尊重知识产权）、对全球自然共有物进行协调管理以促进对它们的可持续利用、国家之间以及国家与非国家行为主体之间的多边谈判机制的可获得性①。按照消费的非竞争性和非排他性这两个标准，当今全球公共产品的供应依然存在以下缺陷。

一部分公共产品实质上并不符合非竞争性和非排他性，因而这些产品可能是短暂的，甚至是无效的。比如，第二次世界大战后在美国主导下形成的全球治理体系架构——"布雷顿森林体系"。布雷顿森林体系的建立使得美元成为国际支付货币，美国获得全球金融霸权。但由于该体系天生存有缺陷，以及美国经济实力的衰落，布雷顿森林体系于20世纪70年代最终崩溃。再比如"9·11"事件后，美国在全球动员了反恐战争，动用了大量的人力、财力和物力，但结果并不如意。很多学者都认为世界一度呈现出越反越恐的态势，其根源之一在于美国这些年在中东的政策。恐怖主义的兴起背后有极深的社会根源，简单从表面治理，很难真正奏效，有时甚至适得其反。一些停于表面且忽略问题本质的单一、粗暴的治理方式，往往是为了掩盖其霸权主义和强权政治的特点，也就不可能达到非竞争性和非排他性的标准，只能在全球化的进程中被自然淘汰。

另一部分公共产品虽然满足了非竞争性和非排他性的要求，但并不能带来正收益。公共产品的供应通常是由国内和国际危机推动，这样的公共产品非常被动和消极，往往是以控制公共劣品的方式供应的。公共劣品的控制尤指一国的生产或消费所产生的外部效应可能对其他国家造成不利影响，必须需要公共控制手段解

---

① ［美］英吉·考尔等编，联合国开发计划署发展中心组织编写. 全球化之道——全球公共产品的提供与管理［M］. 张春波，高静译. 北京：人民出版社，2006.

决此类问题。比如联合国成员国对维和行动费用的分摊、灾难救济财物的供给、遏制国际恐怖主义的花费都属于控制国际公共劣品的范畴。控制公共劣品的过程不会给参与者带来净收入，只会涉及净成本的分摊，甚至还会产生净成本分摊不公的问题。比如，在治理国际金融危机的过程中，借方承受的压力与负担远远高出贷方；在某些国家的二手产品报废计划中，沦为电子二手产品处理地的其他国家往往只承担了环境破坏的后果，却没有任何收益。

几乎没有任何全球公共产品是唾手可得的，即便是天然的全球共有物，往往也要通过建立国际管理机制来保障它们的可持续供应和消费。大多数全球公共产品都遵循着一种复杂、多元化、多层次以及多方参与的生产路线，若要保证所有人都能享受高质量的公共产品供应，就需要对其进行调和或改进。国际合作肯定是最值得期待的一种途径。不同主权国家或者与国际组织之间的国际合作会增加全球公共产品的生产成本，因为它涉及更大的管理上的支持、监督与回报。不过这些成本与过度集中化以及标准程式化所带来的巨大损失相比不会更大。在成本不可忽视也无可避免的现实情况中，将公共产品供应的重心从控制公共劣品转移到提供公共优品，使所有人都能获得公平的净收益，而不只是公平或不公平地分摊净成本，是较为可行的方案。如果能够改变心态，努力寻找双赢方案，那么寻找到对各方都有利的合作倡议是可能的。如果合作不仅是公平的，还能产生积极的效应，切实地改善人们的生活，这种情况下遵守国际协议将会更容易地实现。中国顺势而为，提出"构建人类命运共同体"，以中国方案和实践对全球化"公共性"作出了呼应和发展。它打破竞争或者排他这种线性发展的思维定式，正确处理经济效率与分配公平等的非线性关系，推动全球公共产品供应的高质量发展。尤其是"一带一路"倡议这一国际公共优品的提供，为解决全球治理供需失衡、缓解全球治理民主赤字、填补全球治理发展缺位提供了新路径。习近平主席在2017年12月1日出席中国共产党与世界政党高层对话会开幕式时指出，中国不"输入"外国模式，也不"输出"中国模式，不会要求别国"复制"中国的做法。中国坚持国家不分大小、强弱、贫富一律平等，支持联合国发挥积极作用。通过"一带一路"倡议等国际发展计划与治理制度创新，中国的经验为北南合作、南南合作提供一种务实方略。

虽然如今国际协商与决策在数量上不断增加，但公共劣品却挥之不去，跨边界的外溢现象持续存在，当前的很多国际政治决策往往难以适应这种大范围外溢的情况。越是少数人决定多数人的命运，越是加剧了国际公共劣品的外溢。其原因大致可分为两方面：其一，许多全球性的挑战都具有综合性与多面性；另一方面，公共政策的制定方式往往表现出排外性与片面性。改革公共政策制定的程序是更好地实现全球化管理的关键。在解决全球性问题时，从最发达的国家到最不发达的国家都越来越意识到，要实现本国的目标，就有必要开展国家间的合作，确保各种类型的成员有意愿普遍参与，各国的利益诉求能够得到充分的表达和保障。

当今世界，公平正义还远远没有实现，而全球公共产品的供应方式以公平正义为优。现有的治理体系中，西方主导的二元对立思维和一元的治理特色仍然明显。传统的全球治理理念主张通过制度约束和权力政治解决全球性问题，对广大发展中国家未给予足够重视，经常弱化甚至无视发展中国家在国际事务中的主体性地位，仅将其作为被治理和被约束的对象。全球治理由少数几个国家和国际组织垄断，治理的成果也由少数几个国家和国际组织占有。这样的治理体系忽视多元性，缺少灵活性。当某个国际公共决策不是号召各国采取行动并行使权力，而是用自己的行为取代了别国的行为；不是向各国提供信息、可行性建议和具有实际效力的支持，而是进行公开谴责，束缚，越俎代庖；当它用控制完全取代服务，破坏性结果便随之出现了。世界各国人民都期待着公共产品的供应能够实现共同参与、公平公正，以全人类命运与共的视野和远见，构建更加公正合理的国际体系架构。"人类命运共同体"在理念和文化价值观方面，以整体全面而非二元对立或孤立的视角；以开放包容、创新和谐的价值观，引领全球化发展方向，维护世界公平正义，确保全球治理体系改革在公认的国际准则基础上运行，由全人类主导、为全人类服务。强调"共建"，即是以共商共享为行动准则，以中国担当诠释和践行了全球公共产品供应方式对于公平正义的价值追求和应然取向。

全球化不可逆，全球化的发展需要的不是倒退，而是纠偏。那些逆全球化的做法不过是将全球化的问题进行了错误的归因。新时代的全球化是一场经济、政治、文化的全面动态博弈，具有约束力的协议是影响博弈方向的关键。在动态博弈中，信息传递发挥着重要作用。信息传递的载体我们称其为信号，一个博弈主体的策略和行为将作为信号传递给其他博弈主体，并被其他博弈主体纳入己方的行动策略中。在博弈主体相互作用的过程中，信息传递称为主体行动的被动约束力。追求利益最大化，避免自身利益受损则是主动约束力的体现。这是约束力在博弈主体互动内部的主要运作形态。不论是信息交互作为被动约束力，还是利益诉求作为主动约束力，都是内在约束力的体现。一个稳定的合作局面的形成，仅仅依靠内在约束力是不足以构成坚固支撑的。外在约束力是合作博弈形成的必要保障。不论是从经济理论视角，还是从社会理论考量的角度，公平正义都是构建外在约束力的核心要素。中国敏锐观察世界形势，提出构建"人类命运共同体"，以"新全球化"回击"逆全球化"扶正全球化的公共性本质，是一种不破不立的做法，亦是一种不立不破的智慧。因为只有维护全球化的正常演化秩序，国际合作的底线才得以保障。

所谓"新全球化"，意味着参与更平等、发展更包容、成果更共享的全球化，这是对考尔提出的全球化"公共性"的全面回应。因为各国人民的生活紧密相连，所以"人类命运共同体"提倡以利益共同体、安全共同体、责任共同体三个方面相互关联的共同体来超越单纯经济利益层面共同体的桎梏。因为全球化发展需要国际公共产品的供应，所以"人类命运共同体"发出共建"一带一路"倡议，以国际公共优品抵消国际公共劣品的负效应，即一国的生产或消费所产生的外部效应可能对其他国家造成不利影响。因为国际公共产品的供应方式应该是公平正义的，所以"人类命运共同体"遵循义利相兼、以义为先的义利观，始终坚持"世界的命运必须由各国人民共同掌握，世界上的事情必须由各国共同商量着办"[①]。推动全球治理体系变革是国际社会大家庭的事，应坚持共商、共建、共享原则，使全球治理体系变革的主张转化为各方共识，形成一致行动。

在经济全球化时代，一个国家在地球村中的价值、地位和作

---

① 中华人民共和国国务院新闻办公室. 新时代的世界与中国[M]. 北京：人民出版社，2019：09.

用,将不再取决于它赢得了多少次"冷战"或"热战"的辉煌胜利,消灭了多少个潜在或现实的敌人。而是要看这个国家对人类遇到的共同难题提供了哪些有价值的国际倡议,在处理人类遇到的各种突发灾难时贡献了多少应尽的力量,对解决各种国际争端机制的建构担负了多少应尽的义务。

　　全球化不可逆,不可逆的全球化要逆流而上。随着"你中有我,我中有你"的经济全球化深入发展,想人为切断各国经济的资金流、技术流、产品流、产业流、人员流,让世界经济的大海退回到一个一个孤立的小湖泊、小河流,是不可能的,也是不符合历史潮流的。① 一个更加开放、更有活力、更可持续的世界经济类型,才是符合各方利益的。中国提出建设开放型经济并坚定不移地走着对开外放的步伐,体现出一个大国维护正常国际正常交往环境的历史主动性。从"消博会"到"服贸会",从"广交会"到"进博会",一个个展会共同构成了中国在新时代的开放矩阵。2022 年 1 月 1 日,《区域全面经济伙伴关系协定》(RCEP)生效实施,全球最大自由贸易区正式启航,标志着中国对外开放从"商品和要素型开放"向"规则、规制、管理、标准等制度型开放"的提升。开放不仅是中国国策,也是中国态度,即纵使有磨合和争端,但开放是创新与发展的绝对条件。习近平主席在 2022 年世界经济论坛视频会议的演讲中强调了四次开放,分别是"世界各国要坚持开放而不隔绝""推动构建开放型世界经济""为科技创新营造开放、公正、非歧视的有利环境""推动经济全球化朝着更加开放、包容、普惠、平衡、共

---

　　① 习近平. 论坚持推动构建人类命运共同体[M]. 北京:中央文献出版社. 2018: 402.

赢的方向发展"。构建符合历史演化规律的"人类命运共同体"，在不可逆的全球化中坚定追求高水平开放，这是守住了当今国际合作的底线。

中 篇

机制与方案

人类命运共同体：

合作中的博弈

　　"合作"是博弈论中的一个重点问题。在上一个篇章中我们了解到,合作行为是重复博弈的一种演化结果,只是其演化过程漫长而曲折,只要尚有博弈主体持有零和式博弈思维,在单次博弈中采取非合作策略,就会引发博弈主体间猜忌、背叛,冲突行为的连锁反应,重现零和困境。为了走出困境,我们还需要一些合作机制来帮忙。在合作博弈理论中,最主要的机制包括三个:公正的分配、积极的信号、合理的结构。这些机制的设计具有明确的问题指向,分别指向分配不公导致合作难以持续的困境;在不确定的环境中合作难以成型的困境;在群体中多元主体难以协调统一的困境。

　　"合作"也是后疫情时代的焦点议题。即使冷战结束,当前的国际合作模式也依然带有"零和"特征,发达国家之间的合作往往采用结盟的形式,以向外对抗为目的;发达国家与发展中国家之间的合作往往是不对等的,前者凭借国际分工上的先发优势和政治霸权获得绝对收益,而发展中国家在有限获利的同时还要面对技术、资源、生态等影响其可持续发展的无限困境。这种带有"零和"特征的国际合作是一种不彻底的合作,在各种全球性公共危机面前是脆弱的,在世界经济可持续增长的诉求中也不能发挥应有之效。反映了当前合作理论的局限。

"合作"更是"人类命运共同体"的思想内核。不同于现实主义语境中那种因利而聚又因利而散的合作，"人类命运共同体"强调的是共赢式合作，是在"抵抗人类共同的敌人"和"增益全人类福祉"两个方面都能够充分有效的合作，这需要对当前国际合作问题给出充分回应。这一部分，我们将用合作博弈理论中的三个主要合作机制来阐释"人类命运共同体"作为解决当前国际合作困境的方案中所蕴含的重要学理价值。用博弈论解释"人类命运共同体"的合作思想具有突出的学科优势，博弈论是研究策略交互的数学工具，不带有意识形态属性，借以博弈论的阐释相比于国际合作理论(属于国际政治学科)的研究路径，更能够规避国外一些政客的意识形态攻击。通过这种新的尝试，我们希望让更多的海外学者听见"人类命运共同体"真正的声音。

一、公正的分配

关于分配公正的问题，不只是一个经济问题，也是一个悠久的哲学命题。中国的儒家思想对于分配公正问题的思考已有所体现。荀子言："人何以能群？曰分。分何以能行？曰义。故义以分则和。"(《荀子·王制》)其中对"合"与"分"之矛盾的关注体现在两个层面："义分则群"，即公正的分配能形成人的聚合；"义分则和"，即公正的分配能形成群的生长，所谓"和实生物"。在西方哲学中，关于分配公正的思想最早可以追溯到亚里士多德。在亚里士多德的伦理学著作中，有关公正的论述占据不少篇幅，其中当属《尼各马可伦理学》第五卷最成体系。公正(Impartiality)的希腊语是"Dikaiossune",拉丁文是"Just",意为正直。亚里士多德的公正概念分为政治的守法与交易的均等两个层面,政治的公正是以法律为依据而存在的,是在自然守法的人们中[①];社会的公正"是在交往中的所得与损失的中庸",适用于矫正不公平的利益分配问题。表达政治公正与社会公正的交汇点是法律,政治与社会"完全意义的公正只存在于由相当自由和平等的人组成的,其相互关系由法律规定的共同体中"[②]。

除了法律意义上的,哲学意义上的、理想意义上的、在现实的人们的生活中公正的分配要如何达成呢? 合作博弈理论在这方面颇有研究。"核(core)"解模型的推演揭示了一个重要问题,即公正的分配实质上是合作发生前主体"权"的分配,而非合作发生后"利"的分配。

(一)问题域:合作中的"合—分"问题

在和平与发展的时代,世界主要矛盾具有非零和性特征,这类矛盾的基本解决方式不是斗争而是合作[③]。但这并不意味合作关系能够在各国间普遍形成并长久巩固。即使在看似紧密的联盟中,也暗藏着"合"与"分"的矛盾。在创造共同利益方面,国家间是合作关系;而在共同利益的分配方面,国家间又处于竞争关系。一旦出现利益分配不公,各国间的合作关系可能瞬间分崩瓦解,共同

① [古希腊]亚里士多德. 尼各马可伦理学[M].廖申白译注.北京:商务印书馆, 2003:148-149.

② [美]列奥·施特劳斯,约瑟夫·克罗波西. 政治哲学史[M].李天然,等译.石家庄:河北人民出版社, 1993:138.

③ 秦亚青. 大国关系与中国外交[M].北京:世界知识出版社, 2011:6.

增益无以为继。

联盟是现代社会人与人之间组织关系的主要形态。参与人进入联盟需要满足两个条件：第一，个体收益是可以转移为"共同体"的收益，并且因为"共同体"的存在，这种收益是大于它作为一个个体时所获取的收益。即个体对"共同体"有贡献，且能因为"共同体"的存在而发挥出更大的潜力；个体不但能使自己的收益提高，也能使联盟中的其他成员的收益提高。第二，个体能够在"共同体"中得到从别处不能得到的收益。

不过，上述两个条件只作为一般联盟形成的基础。在一定范围内，可能存在着多个一般联盟，每个联盟包含这个范围内的某些个体。通俗地讲，一般联盟成立和维持的条件是其中成员如果离开当前联盟，不会比处于联盟中获得更大收益。但一般联盟可能是小团体，也可能解散后形成新的联盟。相对来讲，大联盟比一般联盟具有更强的稳定性，指的是一定范围内所有成员形成的联盟。如果其中的成员离开大联盟成为独立的个体，并不会比处于大联盟中获得更大收益。博弈论中一般用"有效谈判"这个概念判断一个联盟的凝聚力。合作博弈理论区别于非合作博弈理论的关键假设正是在于这个"有效谈判"。博弈论中的纳什均衡经常被用来表示一个博弈所达到的稳定状态。实际上，纳什均衡本身就体现了公平正义、激励及秩序，它要求主体的互动以民主法制为前提。

公正原则是有效谈判的基本原则，一个有效谈判是可以实现公正分配的谈判。在实践中，公正意味着在相冲突的利益要求之间寻求一个有效的解决方案。这一方案考虑到了各方的利益，但也限制了它们对自身利益的过分追求。它允许各方之间权力不平等的情况存在，但并不是简单反映各方力量平衡这一状态。因此它突出了谈判的结构和程序内涵的重要性。

那么,实现公正分配的谈判要如何达成呢? 合作博弈理论在这方面颇有研究。"核"解模型的推演揭示了一个重要问题,即公正的分配实质上是合作发生前主体"权"的分配,而非合作发生后"利"的分配。

(二)博弈机制的解释:核

通常情况下,博弈主体对于合作并无异议,但对于公正的分配方案却存在不同偏好。不同的偏好需要通过多轮谈判进行调和,如果在谈判中能够形成一个为自己和对方实现价值最大化并通过联合行动最终可实现的共同目标,实现帕累托改善[①],则谈判终止,分配方案达成。帕累托改善的存在表明,主体间在分配问题上的谈判环节可能会成为合作的巨大障碍,但这个障碍是有解的。

"核"解模型证明[②],一个让各方主体的贡献与收益间达到"权重平衡"的分配方案是帕累托边界上的博弈均衡点。这个均衡点既能够稳定合作关系,又能够充分激发多方贡献潜力提高合作质量,实现总体利益的最大化。

假设:一个合作博弈(N,v),其中 N 用来表示博弈主体的集合,也可以用来表示包括所有主体在内的最大集合。S ⊆ N 表示

---

① 帕累托改善(Pareto Improvement),也称帕累托改进或帕累托优化,是使用意大利经济学家帕累托(Vilfredo Pareto)的名字命名的,是将现状分配方案 A 与将要施行的分配方案 B 进行比较,在施行 B 方案之后,在没有使任何人的状况变得糟糕的情形下,一些人的状况得到了改善。

② [美]阿维纳什·迪克西特,苏珊·斯克丝. 策略博弈:第 2 版[M]. 蒲勇健,等译. 北京:中国人民大学出版社, 2009:485-488.

博弈中的子集,v 表示收益。合作关系的达成需要"核"解：

设 w(S)为比重集(0≤w(S)≤1),一个比重集是均衡的,当且仅当

$$\sum w(S) = 1 \ (\text{对于任意} S \subseteq N, \ i \in S)$$

一个分配方案是公正的,当且仅当对于每一个平衡比重集,

$$\sum w(S)v(S) \leq v(N) \ (\text{对于任意} S \subseteq N)$$

"核"是稳定均衡解,即有效配置。"核"意味着平均分配 w(S) = (1, 1, 1, ……) 或歧视性分配 w(S) = (1, …… 0, 1, ……)都不能达成合作,必须根据每个主体的贡献值给予公正的分配权重,保证每个主体在现存收益与付出,以及未来收益的回报与贡献之间达到平衡才能形成稳固的合作关系。

从一个国家内部的经济发展角度看,"共同体"在人类现代化进程中的实现,是以经济现代化为根基的。除了生产力和科学技术的发展,经济制度正义是经济现代化,乃至人类现代化能否达成的必要条件。其中,最根本的就是要确立以人为本的经济正义观。以人为本,意味着把人的价值和尊严、人的自由和发展、人的丰富和幸福作为经济发展的根本和目的。在设计正义的经济制度时,我们首先应坚持效率原则,任何一个经济制度或经济体制的基本任务就是对个人行为形成一个激励集,由此鼓励发明创新以及与别人形成有效合作,从而形成高效的经济活动,为社会和个人创造更多的财富。同时,要秉持分配正义。需要注意的一点是,这里的

分配正义,不等于人人均等,也不是按不同等情况给予不同等对待的等比例的形式来体现的公平,而是更深度地关涉着人的生命尊严和意义世界。其旨趣乃是对人的自由存在本质的价值捍卫和理性担保,承载着"至善"的价值诉求和提升生命潜能的哲学使命,并以此来观照、反思和批判现实的社会事务。

人与人之间的利益需要妥善协调,国与国之间的利益也需要妥善协调。当今世界,随着全球化的不断发展和各国利益的交叉、融合,各国间逐渐形成了共同的利益链条,任何一环出现问题,都可能导致全球利益链的中断。为此,各国需要通过设计分配正义的合作方案,维护共同利益。

(三)人类命运共同体:公正对待新兴市场国家和 发展中国家

"核"解将公正的分配刻画为主体间权重的分配路径,在模型上可以反映国际社会中的某些情况。略有不同的是,现实国际社会中的权重分配不是国家行为体间直接讨论的结果,而是通过各国诉诸国际协定和国际组织的法律法规层面进行解释。伴随着在二战后包括联合国、国际货币基金组织和世界银行在内的多种国际组织成立,国家间的分配问题,已经演变为各国在国际组织中的权力分配问题。各国通过在国际组织中关于投票权和决定权的较量,间接影响国家的收益分配走向。

国际组织是关于特定时期的世界权力的映射[1]。当前的国际

---

[1] Clive Archer. *International Organizations* [M]. London: Routledge, 2001: 25.

组织反映了二战后一定时期的国家权力分布。其中，七国集团(简称 G7)的主导倾向非常明显，他们拥有绝对的话语主导权、规则制定权和议程设置权。这种权力的分配相对于国际社会的现实存在来讲，是相对落后的。进入 21 世纪，国际经济力量对比发生变化，新兴市场国家和发展中国家崛起。过去十年间，新兴市场国家和发展中国家对全球经济增长的贡献率已经达到 80%，按照"汇率法"计算，其经济总量占世界经济总量比重已经接近 40%。按照"购买力平价法"计算，新兴经济体在经济总量上已经明显超过 G7。这种情况下，由 G7 继续占优的分配方案难说公正。没有公正的分配方案，世界经济合作难以稳定，世界经济增长难以持续。尽管 21 世纪初成立的二十国集团(简称 G20)在一定程度上提高了全球经济治理的效率，但 G20 在内部存在有效性和结构性困境的同时，外部的一些争议依然存在。G20 在内忧外患中动荡的事实提醒我们，在全球经济治理层面的帕累托改善的边界仍未达到。

改革开放以来，中国一直积极参与全球经济治理，致力于优化全球分配方案的探索。在"人类命运共同体"语境中，中国进一步给出了指向公正分配方案的切实解法：增加新兴市场国家和发展中国家的代表性和发言权。这个代表性和发言权，首先是经济方面的，其次是国际社会政治方面的。

在经济方面，要增加新兴市场国家和发展中国家在国际货币基金组织、世界银行等全球经济金融组织中获得与其贡献值相匹配的公正的权力分配，保障"发展中利益"。新兴市场国家和发展中国家通常具有双重性：一方面，这些国家正在经历快速发展；另一方面，这些国家的经济、社会、政治进程尚未达到发达国家水平。因此，面对各种全球性危机时，各国虽然认识到威胁的严重性，但又必须有自己要优先考虑的问题，比如人口问题、贫困问题等。盲目要求新兴国家达到发达国家所设定的"贡献"标准，与"牺牲"无异，这是并不公正的。新兴市场国家和发展中国家一方面需要在可持续发展中承担相应责任，但是也不能以牺牲本国发展利益为代价。协商解决是维护全球合法性的关键，也是国际关系民主化的内涵。只有让新兴市场国家和发展中国家积极参与世界市场规则的谈判和制定，引导世界市场向合作、开放、共赢、一体化的转变，远离因不公正的分配造成的对立、封闭、零和、碎片化的系统性伤害，才能促进世界经济发展。

在社会政治方面，要增加新兴市场国家和发展中国家在国际社会谈判中都得到代表席位和发言权，保障国际谈判有效。从当前国际社会的制度运行情况看，国际权力结构的变化尚未带来与之匹配的国际制度的调整，这是造成谈判"失效"的根源所在。根据阿尔宾关于国际谈判的理论①，谈判活动包括了两个方面：一是谈判的结构；二是谈判的过程，这两个方面都可以进行设计以体现公正。

在谈判的结构方面，要确保所有方具有代表权，给予所有的利益相关者在谈判桌一个席位。这一点不仅可以在一定程度上尽量保障所有的利益要求都会得到考虑，而且将加强谈判各方对结果正当性的认可。此外，这一行动还可以使相关各方感到有义务采取有效的后续行动，使得谈判结果得以推进。政府间国际组织在

---

① ［美］英吉·考尔等编，联合国开发计划署发展研究中心组织编写. 全球化之道——全球公共产品的提供与管理［M］. 张春波，高静译. 北京：人民出版社，2006.

谈判的代表性问题上至少面临着两大挑战：一个是发展中国家是否得到适当的代表，以及为了有效地扭转其劣势应该采取什么行动的问题；二是在商议活动中把参与者包括进来所依照的标准和程序如何定义，以及如何达成一致的问题。传统的标准在当前是不适用的，长期以来，西方国家以自身利益和价值取向为标准来界定国际法和国际制度，通过强调国际法的规则来掩盖其谋取私利的行为。相比之下，非西方国家虽然更多在程序法上有所建树，却未能在根本上触及与权利义务相关的实体法界定。在这方面，西方集团站在秩序主导者的立场，有着一套国际政治维度的话语体系。

在谈判的过程方面，需要促使各方都能进行有效的发言，拥有真正的机会来陈述理由并投入谈判过程的所有阶段中。要进行有效的发言，谈判各方必须熟悉情况，并且能够获得与谈判事项相关的所有信息。争取更大发言权的努力有时即使仅是为了争取而争取，都是以公正及多元化为追求目标的，它往往有助于决策制定，提高决策的可行性。

重视发展中国家的代表性，增加发展中国家的发言权，尤其是最不发达国家也应该有一定的发言权。这既是政治愿景、政治理念，体现了对弱势者生存权利的提升和对强势者权利意志的约束。同时，这也具有法律哲学的意义，直指国际法、国际制度正当性不足的问题并提供新的解决思路。例如，在国际法立法方面，如将"人类"作为整体参与立法，国家只是从功能上推动法律的生效与执行。此时，国际法就不再是一般意义上的国家间的平行法，而是具有国内法上下位等级的性质，即承载和体现全人类共同利益的国际法将成为上位法。通过上位法的强制性，为国家间互动提供新的行为惯例直至成为某种文化习惯内化其中。

只有各国在全球发展中公正地成为参与者、贡献者、受益者,逐步突围全球治理中的国际经济话语权失衡与国际政治话语权失序的双重困境,才能构筑可推动国际治理体系合理变革的国家间的合作力量。博弈"核"解可以推演得出帕累托最优的结论证明了公正的分配是实现更优再分配的必要基础,所以在世界性、区域性组织的权力代表应该从全局和实际出发,紧跟时代发展诉求,不断优化分配机制,经由互利走向共赢的新局面。

二、积极的信号

语言作为一种不断发展的信号库,从灵长类动物大脑中一个古老的区域进化而来。如此一来,语言就将人类的进化从生物意义扩展到文化意义。大多数认为,是人类发明了语言,语言推动进化,那些能接受语言所带来的信息的人,就能很好地利用这些思想,获得繁荣发展。我们的人类祖先经历了社会互动越来越复杂的发展过程。

声誉期望-信号博弈模型说明的最重要的一点是合作观念的形成路径不是主观的,而是客观的;不是建构的,而是构建的。同时,这也是一个涉及主体如何与另外一个主体进行沟通、交往和合作的实践问题。通过声誉期望-信号博弈模型的推演,对话协商作为在不确定条件下,促进合作从主观观念到客观行动的传递主要路径,实际上拥有了严谨的形式化说明。

（一）问题域:合作中的"不确定-确定"问题

合作中的个体经常要面对的一个问题是,合作目标本身可能是模糊而无法观察的。哲学家威廉姆斯(Bernard Williams)十分强调合作中的"风险"问题①。"风险"意味合作行为结果的不确定性,同时也会导致合作行动本身的不确定性。他指出行为体在行动中通常具有规避风险的倾向,因此在不确定结果的情境中,合作很难达成。

现实主义和建构主义是西方国际合作理论中解释国家间合作行为的两种代表观点,那么他们对不确定情境中合作的发生问题给出较为令人满意的答案了吗?并没有。实际上,前者代表了经典博弈论的观点,而后者更倾向于用维特根斯坦(Ludwig Wittgenstein)的语言博弈说解释。

现实主义与博弈论有相同的理性主义和因果逻辑基础,坚持对国家行为体的理性主义假定,把国家的身份和利益假定为给定因素,并以解释和预测国际行为体有规律的行为作为研究目的,试图发现变量之间的因果关系。现实主义认为,国家间的合作行为在利益面前自动形成、自动消散。这种观点,实际上是放弃了对没有确定的显性利益时的合作行为出现问题的解释。这种观点不仅消解了其自身理论的完整性,也对现实国家行为产生了非向善的作用力。在现实主义的观点中,不论是因利而聚、因利而散的短时

---

① Williams, B. Formal Structures and Social Reality[A]. *In Gambetta Diego(ed.) Trust: Making and Breaking Cooperative Relations*[C]. Department of Sociology, University of Oxford, 2000:3-13.

的、工具性的合作行为,还是在危机处理等"隐性利益"面前的国家间推诿行为,都被套上了合理的外衣。

在20世纪60年代末至70年代,一些学者使用囚徒困境、猎鹿游戏等背叛博弈模型来阐释理性假设必然导致冲突的现实主义观点。

进入20世纪70年代后期,随着国际行为体在经济、石油等非军事领域的合作迅速发展,国际组织、跨国公司等非国家行为体的作用日益增强。由此引发了关于无政府状态下国际合作如何成为可能的议题研究。博弈论为理解国际行为体在相互依赖的环境下寻求合作提供了战略逻辑解释。博弈研究也在这一时期进入了以合作为主的阶段。博弈论学者罗伯特·阿克塞尔罗德(Robert Axelrod)运用计算机程序进行了重复多次博弈实验。实验结果表明,"一报还一报",即"互惠式利他"策略是重复博弈的最优策略,从而突破了囚徒困境,证明了在长期互动的关系中,基于互惠的合作确实能在利己者组成的世界中产生并不断发展下去。其后,一些新现实主义和新自由制度主义学者将博弈论和国际机制理论相结合,为国家间的合作提供了有力的学理基础①。克拉斯纳用"性别战"博弈模型描述了依附于权力结构的国际机制理论,指出国家之间不完全是零和博弈的游戏,只要相对优势能够维持,国家就愿意进行有限的合作,而国际机制就是为这种合作服务的。基欧汉则从典型的囚徒困境入手,说明在个体理性可能会导致集体非理性的情况下,国际制度可以通过提供信息的服务性作用和对背叛进

---

① [美]彼得·卡赞斯坦,罗伯特·基欧汉,斯蒂芬·克拉斯纳. 世界政治理论的探索与争鸣[M].秦亚青,等译.上海:上海人民出版社,2018.

行惩罚,解决个体理性和集体理性之间的矛盾,促进国际体系内更多的合作性行为。

建构主义对合作行为的解释采取了另外一种路径,认为合作行为是观念的产物,而不是利益的产物。建构主义的代表学者温特认为,共有知识是由行为体的信念造就的,行为体的实践活动逐渐确证或证否了共有知识。① 温特明确了行为体与共有知识的互构关系,合作的观念因国家间"伙伴"的身份定位建构而成。但是他没有说明个体行为体的信念是如何变成共有知识的。对此,语言建构主义学者进一步指出,具有主体间性的人类共有知识是由语言建构的社会事实,其形成、表述、积累和传承都离不开语言的作用。

在国际关系领域,"主权原则"等共有知识就是国家在互动交往中通过语言建构的。被称为"国际关系领域的维特根斯坦"的英国学者查尔斯·曼宁(Charles Manning)表明了有关主权的共有观念和知识本质上是人类的语言建构。语言建构主义的兴起与20世纪西方哲学出现并在20世纪50年代成为主流的语言转向密切相关。

语言哲学的代表学者维特根斯坦后期提出语言游戏说,认为关于语言与现实的指代关系的分析,要建立在人类活动,主要是语言使用者的行为的基础上。他将这种人类活动称作语言游戏。他强调关于意义的研究要重视语言的使用。对于这种使用的解释,他认为这并不仅仅是研究在表达一个语句时人们在做些什么,还

---

① ［美］亚历山大·温特.国际政治的社会理论[M].秦亚青译.上海:上海人民出版社,2000：41.

要研究人们必须要去做以及能去做些什么以使得理解成为可能。它要求我们将注意力集中在研究处于怎样的一种特定的活动环境之中，一个语词就具有意义，或者也可以说有用，而在这种环境之外，语词就失去意义。即探究意义基于的是什么类型的人类活动。

在语言游戏说中，量词的意义在于它们在寻找与找到的活动中所具有的作用。语言游戏说进一步解释了康德的"人类活动"。在一系列规则下，我们通过这种活动收集关于世界的信息，并将其编码在一阶语言中。语言游戏学者指出，博弈论对语言在社会互动中的功能存在着根本的误解。首先，把语言简单地看作互动的工具，并没有充分理解言语行为的重要性。受逻辑实证主义等旧的语言观念所困，语言的意义被理解为对事实的正确指称和描述，而没有认识到建议、要求、道歉、承诺这类语言本身就是一种言语行为，是一种互动活动，由一方说出而由另一方体验，行动内在于语言之中。比如，当行为体说出："我承诺我会做……"时，即表明了言语者的意图——向对方传递了一个承诺。"承诺"这个词和说出承诺这个言语行为也有着双方都了解的意义，即使承诺没有被遵守。如果假定所有承诺都掩盖着其他的企图，或者所有的承诺都不会被遵守，那么承诺这个言语行为的意义也就变了。其次，可信性是一个社会性的主体间现象，语言不是廉价的互动信号，可信性不仅取决于说话者是否拥有相应的物质实力，还取决于说话者既往言语与行为之间的一致性。如果说话者没有成功履行先前公开表述的规范、理念或承诺，不仅会影响到理性计算的博弈效用结构，还会影响行为体的社会声誉和身份定位。

语言建构主义和以温特为代表的主流建构主义都强调个人或国家行为的社会性意义。他们认为行为体无法脱离其所处的社会环境，其身份和偏好是在与环境和其他行为体的互动中建构的，因此质疑理性主义对行为体的理性假定和把个体作为基本研究单位的做法。与传统建构主义注重实质性行动、忽视语言互动不同，语言游戏学者重视对具体语言互动过程、言语行为的意义以及多种互动可能性的研究。

尽管建构主义把合作行为从天上拉回到了地面，强调外交行为体之间相互建构的重要性，但是这种建构只能在康德式文化认知中成立，即世界变成一个由"世界公民"组成的"世界共和国"——一个超级大的国家。这种观点未免再一次令人感到失望。"世界变成一个国家？"这依然是中点而非终点不是吗？世界就是世界，它永远不会也不应变成一个国家。世界不会成为政治意义上的共和国，却可能成为自然主义中的公地。《威斯特伐利亚和约》以相互承认的国家主权划分了世界公地，明确了各自的产权，阶段性地解决了公地悲剧却产生了更为戏剧性的一幕——使世界的分裂合法化，或者说，以国家主权的概念否定了世界概念。这不是一个世界体系，而是一个属于霸权国家的帝国主义体系。康德式的文化认知在当前影响矛盾和冲突的基本要素尚未排除的国际环境中，成为扭曲的乌托邦。

那么国家间的"伙伴"的身份定位进而合作观念的形成也只能是遥远的乌托邦吗？当然不是。人类社会从来不会缺少合作的观念，而是缺少将主观的合作观念转化为客观的合作行动的机制。

实际上，现实主义和建构主义的理论失效有一个共同的致因，就是对合作的确定性过于执着。向合作的利益确定性或观念确定性的绑定，让两种理论失去了对不确定性条件下合作行为进行解释的发展空间。好在，不同的哲学家和社会学家对于不确定性条件下的合作问题给予了诸多关注,如拒绝合作只是对其他人能否合作的不确定性的权宜之举①、缺少信心去合作和拥有动机去合作之间并不矛盾②。这些观点提醒我们,理解合作的关键不是在某种确定性的条件下,而是在无法保证确定条件下讨论合作的可能性。

在非确定条件下,人们并不具有评价所有策略收益的能力,因而一种低成本的途径是将所有的策略与可能的替换策略进行比较。而问题是,这种比较本身可能也具有不确定性,因为人们仍然无法准确地判断什么样的策略会占优。因而,当人们面临合作与否的选择时,便希望通过各种途径尽可能地简化来自各方面的不确定性,或者说复杂性。基于此,一些学者提出降低合作不确定性的"信任"路径。德国哲学家齐美尔(Georg Simmel)提出"信任处在知与不知之间"的观点。"信任增加了'对不确定性的承受力'……要简化以或多或少不确定的复杂性为特征的未来,人们必须信任"③,"对于无法控制的风险,信任就表现的好像未来是确定的一样……信任建立在对他人在未来的一些场合会如何表现进行个人推测的基础上"④。牛津大学的社会学系教授甘贝塔(Gaunbetta)在对各种"信任"的定义进行总结后指出,信任是一个行动者

---

① Fehr E, Fischbacher U. The Nature of Human Altruism[J]. *Nature*, 2003:425.

② Gambetta, D. Can We Trust Trust? [A]. *In Gamberra, Diego (ed.) Trust: Making and Breaking in Cooperative Relation*[C]. Electronic edition, Department of Sociology, University of Oxford, 2000: 213−237.

③ [德]尼克拉斯·卢曼. 信任:一个社会复杂性的简化机制[M]. 翟铁鹏,李强译. 上海:上海人民出版社,2005: 21.

④ [波兰]彼得·什托姆普卡.信任:一种社会学理论[M].程胜利译.北京:中华书局,2005: 25−33.

评估另一个或另一群行动者将从事某个特殊行动的主观概率水平。

信任不只是行动者的主观观念,而是等于行动者评估另一方的主观概率,这种量化的解释方法具有重要启示。它意味着,不确定的合作不等于不会发生的合作。这种观点很自然地把我们引向另一个路径——合作的主观概率提升问题,进而是在不确定性情境下的合作如何从主观观念转化为客观行动的问题。把这一问题继续往前推进的贡献来自博弈理论界。

(二)博弈机制的解释:声誉期望-信号模型

期望是博弈论中用于表达主观概率的一个重要概念,指的是对未来情况的一种估算、评价。声誉期望-信号模型由罗伯特·萨登(Robert Sugden)在 1986 年提出①,其基本思想是,在不确定的条件下,博弈一方是否采取合作行动取决于判断对方具有好声誉(高合作倾向)的期望(主观概率)。当这种期望高于合作的成本收益比时,一方将采取合作行动。这意味着,当期望达到一定数值,它将从主观概率转化为采取合作行动的客观概率,引发合作。

模型假定在大群体中,每次博弈结束后都有 δ 的概率继续进行,并且个体有 ε 的概率判定另一方具有坏声誉。合作的成本为 c,合作带来的收益为 b。由于对方无法给予自己利益的概率为 ε,他能够以 $1-\varepsilon$ 的概率获得 b 的利益,并且付出 c。在一个群体中,处在好声誉的期望价值 V_g 为:

---

① Robert Sugden. *The Economics of Rights, Co-operation and Welfare*[M]. London:Palgrave Macmillan, 2005.

$$V_g=b(1-\varepsilon)-c+\delta(\varepsilon V_b+(1-\varepsilon)V_g)$$

此式说明第一期的收益为 $b(1-\varepsilon)-c$,而加入主体重复交互,接下来的收益处于好声誉和坏声誉情况下的收益的加权平均。

在一个群体中,处在坏声誉的期望价值 V_b 为:

$$V_b=b\varepsilon(1-\varepsilon)-c+\delta(\varepsilon V_b+(1-\varepsilon)V_g)$$

从以上两个方程同时解出:

$$V_g=b(1-\varepsilon(1+\delta))-c+b\delta\varepsilon2(2-\varepsilon)/1-\delta$$
$$V_b=V_g-b(1-\varepsilon)2$$

只需满足 $V_g \geqslant b(1-\varepsilon)+\delta V_b$ 时,合作就是最佳反应。将 V_g 和 V_b 代入此式子,得到:

$$b\delta(1-\varepsilon)(1+\delta(1-\varepsilon)2+\varepsilon2)/1+\delta \geqslant c$$

只要坏声誉的期望较小,$\varepsilon2$ 或更高阶的向就会非常小,可以忽略不计。因此上式可进一步简化为:

$$b\delta(1-\varepsilon)>c$$

由于在大群体中 δ 极高,该式可进一步简化为:$(1-\varepsilon)>c/b$。

即只要关于对方具有好声誉（高合作倾向）的概率大于成本收益比，己方将倾向于相信对方采取的行动也是有利于自己的，此时合作便发生了。萨登将其中先行者的行动称为合作的"信号"。通过$(1-\varepsilon)>c/b$，主观概率$(1-\varepsilon)$转化为关于成本收益比的评估，即客观概率。从这种意义上讲，"信号"是一种将发送方关于合作的主观观念双方客观行动的装置。

在多主体互动中，关于他方的好声誉评估是同时发生的。这意味着$(1-\varepsilon)$越大，群体中的合作性信号越强烈，合作越易于发生。ε值的形成不是静态的，而是动态的，它将在多主体的互动中不断被修正。在成本收益比不确定的条件下，ε值依然具有提高的途径：途径一是信号传递的畅通信道，途径二是信号内容的充分友好。二者之间，途径一的优先级更高。在战略意图中的发送者和接受者之间，可能存在着信息传递的偏差，即"噪声"。合作诚意是促使双方彼此采取合作行动的催化装置，这个期望值只有在双方的重复互动中才能获得并不断修正。因此，对于承载着双方战略意图的"信息"流通环境是重中之重。当然它可以是战争，或者语言。

语言使得人们在一起交换观点、思路和信念。从这个角度看，语言与合作有着非常紧密的关联。在达尔文所描述的生存斗争理论中，语言将进化推向了一个全新的高度，是一种新的进化模式。语言能够出现，是因为它帮助人类的祖先分享了一些事关生存的重要信息。反过来，根据考古学对于人类远古起源的研究，语言需要在合作存在的情况下才能得以进化。因为除非个体之间已经在某种程度上形成了合作关系，否则就不会介意去思考如何建立新的彼此沟通的方式。只有在信息传输能同时惠及说者与听者时，才能建立起我们所发出的声音和我们想要沟通的意义之间的联系。如此,语言与合作就实现了同步进化。

然而,语言却不总能带来合作。语言可以帮助我们积累信任,变成伙伴;也可以制造误会,让我们一拍两散。传达信息最简单的方式无非是直接告知;得到信息的最简单的方式无非是直接询问。但是看上去,人们并没有那么相信彼此的语言。在策略博弈中,当参与人意识到其他人可能不会讲出真话,而他们自己的主张也可能不被其他人相信时,彼此语言的置信度都会被怀疑。语言可以积累彼此的信任,也可以在出现越来越多的机会采取欺骗、操纵、合作、冲突等行为时,也就是我们所谓的政治浮出水面之时,成为获取他人支持,并采取协作行为的必要工具。达成交易、结成同盟时,语言的使用也提供了更多思考、回顾和讨论的机会。

当代社会,语言的作用越来越被信息技术所承载。随着全球相互依赖关系的深化,长距离的友善关系即便在没有外敌的情况下。在原则上是可以维护并加深的。随着互联网催生出越来越多的利益团体,真正的友谊将越来越有可能跨越那些最为危险的断层线,也就是宗教、国家、种族和文化的界限。在了解信息技术的力量后,我们就更应该警惕信息技术被利用,成为那些制造对抗和冲突的工具。

(三)人类命运共同体:加强对话和协商

声誉期望-信号模型的推演说明,对话是不确定性条件下合作发生的重要途径。如果武器是传播彼此坏声誉的载体,那么当武器的使用被限制时,语言就成了可能传播好声誉的载体。为了让互惠机制发挥作用,就需要有不间断的消息互通,而且要详细到人物、事件、时间、地点。

"以对话解争端、以协商化分歧"①是"人类命运共同体"语境中的一个重要命题。对话，强调了国家间信息交互的形式建设。因此我们常讲要加强对话机制建设，建立长效的沟通机制，通过对话，从低敏感领域入手，积极培育合作应对安全挑战的意识，不断扩大合作领域。通过经常性沟通，积累信任。协商，突出了对话的内容本质，是以事实为依据，不戴着有色眼镜观察对方，也不带着说服对方的目的对话。协商是民主的重要形式，在真正的协商过程中，"双方都准备接受对方的观点"，"其中起到主导作用的不是协商各方的相对权力对比，而是更好的论据力量对比"②。

"人类命运共同体"中的对话协商机制，体现了语言作为交往形式在不确定条件下促进合作达成的务实路径。它不力求马上消除分歧，而是客观对待分歧，不把分歧当成采取对抗态度的借口，从对方的现实处境着想，以务实和建设性的态度管控分歧，致力于通过沟通逐步增进了解、增强信任、达成共识。

"人类命运共同体"中的对话协商机制，也给出了对于语言作为交往内容必须加以慎用的价值引导。在和平与发展的时代，语言替代了战争成为主要的外交工具，但语言的使用不一定为善意的导向合作。当语言的力量不能被充分使用时，国家间的猜忌怀疑、战略误判就难以避免。当语言的力量不能被良性使用时，国家间的恶意中伤、言语攻击就可能使语言成为一种新型暴力武器。

---

① 习近平. 论坚持推动构建人类命运共同体[M]. 北京：中央文献出版社. 2018：254.

② Andrew Linhlater. *Critical Theory and World Politics*[M]. New York：Taylor & Francis Group 2011：50-51.

为了达成合作，国家间需要持续不断地改善语言，通过对话协商机制进行规律性、常态化的语言交换，管控分歧达到战略互信，而不至于使争端升级为战争形式。

声誉是国家形象的标志，是一种无形资产、一种软实力。它不像军事实力和经济实力那样直观，但是在一个"一荣俱荣、一损俱损"的世界中，国家声誉的力量并不亚于显性的硬实力。在国家间无限次的重复博弈中，享有好声誉的国家与其他国家的沟通成本、维护长期交往的成本更低。好声誉不是天然形成的，是在交往实践中自然累加的。声誉期望-信号博弈模型说明的最重要的一点是，合作观念的形成路径不是主观的，而是客观的；不是建构的，而是构建的，是一个涉及主体如何与另外一个主体进行沟通、交往和合作的实践问题。所谓的战略信任是指行为体之间基于实践过程而形成的相互认知。好的声誉建立在国家主持正义和坚持道义原则的基础上。实际上早在20世纪80年代，国际社会就提出要构建伙伴关系，各国携手应对全球公共危机。"构建"不同于"建构"，强调"通过沟通协商以促进共同发展"。通过声誉期望-信号博弈模型的推演，对话协商作为在不确定条件下促进合作从主观观念到客观行动的主要传递路径，实际上拥有了严谨的形式化说明。

三、合理的结构

生命种群都会存在空间结构。冯·诺伊曼最早提出"空间自动机"的概念，用以研究生命与地理分布之间的联系，他希望可以用信息处理系统模拟生物有机体，设计出一款具备自我复制能力的机器。自动机系统由正方形、三角形或者立方体等基本几何元素的元胞(cell)组成。这些元胞按照一定规则排列可以形成一个空间区域,然后每个元胞之上都有若干种离散或者连续的状态。这些状态在每一个时间点都会按照相同的规则发生变化,于是形成了整个元胞自动机的演化过程。这是在20世纪40年代设计的,当时并没有使用计算机。人们通常通过自动机来研究从局部简单的规则到整体复杂动态的涌现过程。存在于生命、宇宙以及任何事物中的复杂性与随机性都是"空间自动机"的成果,世间万物都可以被视为一场动态的空间博弈。

(一)问题域:合作中的"多元-统一"问题

合作是至少两个个体之间的联结,但这种联结却不一定是团结的。即使在当今国际社会中存在着诸多形式的"盟友",但骄傲的盟友们也可能在全球性公共危机面前瞬间破防,留下一个个治理赤字。芬兰哲学家赖默·托米拉(Raimo Tuomela)将合作分为了两种模式:"我们-模式"(we-mode)和"我-模式"(I-mode),他认为,"我们-模式"的合作是一种"完全"(full-blown)意义上的合作,指的是多个(两个及以上)个体以共同的目标为导向,通过承担相应的角色来实现某种联合行动或达至某种共享的心智状态。而"我模式"的合作实质是某一个行动者在某种情境下的私人协调行动。即使拥有共同目标,当成员之间的利益比较计算出现困难,不能防止用某些成员的幸福来平衡另一些成员的痛苦又不对那些吃亏的人加以补偿时,边沁意义上的共同利益会导向局部利益,集体利益也会陷入马克思和恩格斯所怀疑的"人对人的剥削"。"我们"存在着部分不可合作或被排斥的政治空间,出现无法消除的外部效应,"我们模式"便无利可图地变成多个"我模式",即合作的瓦解,甚至导致冲突出现。实际上,这个冲突在合作的开端就已经出现端倪。

托米拉认为,由一些个体组成的集体 G 是一个"我们-模式"的社会群体,当且仅当:

1.G 作为一个自为的群体接受特定的理念 E,并对理念做出承诺。

2.G 的每个成员作为群体成员应以群体规范的方式接受 E(并相应地作为集体成员对理念做出承诺),至少在某种程度上接受 E 作为它的理念。成员的接受意愿可用以下公式表示:

$$EU_t(X) = w_i EU_i(X) + w_g EU_g(X)(W_i + W_g = 1, 0 \leqslant W_i, W_g \leqslant 1)$$

其中 t 表示个体的总接受程度,当权重 $w_i = 0$、$w_g = 1$ 时,表示个体完全接受集体理念 E;"我们-模式"不仅涉及"我意图做 X",还涉及不可还原的"我们意图做 X"以及不同的个体以此为目标而形成相互规范和彼此协调过程。

3. 在群体中,前述两点是共同信念。

从结果来讲,"我们-模式"是个体间交互"涌现",呈现出个体维度所无法刻画的、属于整体层次的属性,一旦形成便不能还原为个体。但在过程中,"我们-模式"也可能解散成多个"我-模式",即某一个行动者在某种情境下的私人协调行动,即使拥有共同目标。此时,合作瓦解①。

① Tumela, R. *Cooperation: A Philosohpical Study* [M]. Dordrecht, Boston: Kluwer Academy Publishers, 2000: 313.

"我们-模式"与"我-模式"这种直观的视觉图景呈现出了一个不容忽视的事实，那就是再紧密的合作关系也是由无数个个体组成的，形成合作、优化合作，总要面对的一个问题就是"多元-统一"问题，即无数个"我"如何组成"我们"，一个"我们"又如何不会流离失散成无数个"我"。

就像埃兹奥尼(A. Ezoni)给出的观点："一切共同体都受到向心力和离心力的作用。两种力量的平衡能形成一种共生关系，而失衡则招致对抗。"①共同体表明了多个个体相互影响、相互增强，从而形成了一张紧密相连的关系网，而不是一对一的小范围联系或个体关系链。这里强调了结构对于合作关系形成的重要性。相关的形式化研究，是由博弈论完成的，包括一个新的学科——进化图论(evolutionary graph)也由此诞生。

（二）博弈机制的解释：空间博弈

冯·诺伊曼去世后，"自动机"的研究任务由后辈担了起来。其中最著名的一位，就是英国数学家约翰·康威(John Conway)，1970年，他将研究成果"生命游戏"(Games of Life)公之于众。在有些游戏规则之下，图形迅速增长，没有极限；而在另一些规则之下，图形很快便消失了。因此，康威为他的自动机选定了规则：通过几种规则的结合，就可以创造出包罗万象的图形，有些不断扩张、有些改变形态、有些则出其不意地消失殆尽。"生命游戏"其实很简单，只需要想象一张棋盘，其中几格放棋子，然后遵循如下这

---

① 转引自谢惠媛.创新与超越：人类命运共同体对"团结悖论"的破解[J].马克思主义与现实，2019(05):182

些简单的规则。如果一个"空格"恰好有三个相邻"满格",相邻包括对角线及前后左右的方向,这一"空格"就在相邻"满格"的帮助下"活过来"。如果一个格子有两个相邻"满格",就维持原状。最后,如果一个"满格"有任意其他数量的相邻"满格",就会失去其中的棋子而变成空格。事实上,只要有一个足够大的棋盘,"空间自动机"就等价于通用图灵机,"生命游戏"具有可与任何计算机相媲美的强大能力。存在于生命、宇宙以及任何事物中的复杂性与随机性都是"空间自动机"的成果,世间万物都可以被视为一场空间博弈。诺瓦克(Nowak)等学者①对空间博弈给出推演证明,发展了"进化图"论。"进化图"有着各种形式、形状和大小,有的图显示出常规的图状,其中的每一人都与邻居相连;有的图中,每一个人都与其他人相连;还有其他图的结构介于上述两者之间。如果以图的顶点表示种群中的个体,那么连接顶点的边则表示个体之间的相互作用就是空间博弈。在空间博弈模型②中,博弈主体都会被赋予网络结构中的某一个位置,博弈主体之间会形成"邻居图"结构。假设博弈主体的平均邻居数量为 k,k 亦表示网络中的度(degree);合作成本仍假设为 c,合作收益为 b。当 $b/c>k$ 时,合作者的数量将超过背叛者的数量,合作成为易于扩散的策略。几位学者因为对于空间博弈模型的研究开创了一个名叫"进化图论"的学科,发现了不同网络结构可对合作的选择具有放大或抑制作用。放大型

---

① Ohtsuki H , Nowak M A . The Replicator Equation on Graphs[J]. *Journal of Theoretical Biology*, 2006, 243(01):86–97.

② Ohtsuki, H., C. Hauert, E. Lieberman, and M. A. Nowak. A Simple Rule for the Evolution of Cooperation on Graphs and Social Networks[J]. *Nature* 2006,441: 502 – 505.

网络结构通常是星状结构，而抑制型网络结构通常是层级组织。在合作空间中存在一个关于"结构"的最适宜水平，结构太过固化或太过松散，都可能为背叛者盘剥合作者提供了机会。合作的沃土存在于这种固化和松散这两种极端情况之间。

空间博弈模型呈现出一个重要的事实：结构，恰恰是合作关系建立过程中发挥重要影响力，却又容易被人忽视的一个因素。排他、封闭、单一、单向的"单边"结构，远不如包容、开放、多元、多向的"多边"结构更能长久维持其内部的合作关系。这就不难解释为什么在国际社会中，多边主义的价值规范和原则被载入《联合国宪章》，成为全球范围内公认的普遍性原则声明。

(三) 人类命运共同体：建立真正的多边主义

多边主义是国际关系领域中的常用概念，国际关系学界一般认为，多边主义是根据普遍行为准则协调 3 个或 3 个以上国家之间关系的一种制度形式。20 世纪 80 年代以来，国际社会积极倡导多边主义，一个重要的原因在于多边主义对于世界发展具有积极意义。比如多边贸易体制因其表现出的非竞争性消费和非排他性收益使得其成为一种全球公共产品。从普遍意义上讲，"多边"是一种明显不同于集团政治的行为模式，提倡国家间的合作不是以针对其他国家为目的的合作，提倡一部分国家利益的促进也不以对另一部分国家利益的牺牲为代价。当前，我们应通过多边合作带来国家间的利益增量，而不是利益转移。

如今，多边主义却走向了两个截然相反的跑道，一个是以多边主义为幌子，搞小圈子政治的伪多边主义，一个是真正的多边主义。

本为促进合作，提高整体利益的多边主义何以会成为一些大国开展战略竞争，实现自身单边利益的工具？到底是哪里出了问题？这需要回归多边主义的核心，即关于"3个或3个以上国家之间的协调"。

前文关于空间博弈模型的解释提到，合作空间中存在一个"结构"的最适宜水平，太固化或者太松散都不利于合作的形成和整体利益的增量。虽然人与人之间的平均分隔是六度，但影响力却仅能波及三度。哈佛大学医学院的尼古拉斯·克里斯塔基斯（Nicolas Christakis）和加州大学圣地亚哥分校的詹姆斯·富勒（James Fowler）通过人际网的实验发现①，利他、合作的行为，仅有三度影响力。合作与网络结构之间存在着简单的关联关系，如果每个个体的邻居数量较少，对合作者就更加有利。再回到多边主义的定义中，我们可以发现这样一个漏洞，即定义只是规定了国家数量，却没有规定这种量的结构。3个或3个以上的国家是以怎样的结构建立并相互协调事务的呢，是允许有中心点（主谋）的结构吗？是严格划定边界不允许其他国家进入的结构吗？迄今为止，我们都没有找到官方的明确规范。正是这个漏洞的存在，给了一些国家可乘之机，利用多边主义的国际推动力和合法性价值，大搞伪多边主义，推行集团政治、排挤和孤立竞争对手。失去了合理结构支撑的多边主义，极容易滑向单边主义的深渊。

---

① ［美］尼古拉斯·克里斯塔基斯，詹姆斯·富勒. 大连接：社会网络是如何形成的以及对人类现实行为的影响［M］. 简学译. 北京：中国人民大学出版社，2013.

多边主义是人间正道，构建人类命运共同体是大势所趋①。推行真正的多边主义，以结构的修复力由内至外地推动"多元-统一"的平衡发展，使多边主义不论从形式上还是内容上都达到全球公共产品的水准。

平等意味着合作的扩大。按照空间博弈的解释，一种具有平等特征的结构，比如星状结构，可以最大限度地助益合作行为的传播。与之相反，层级结构对合作关系的形成会造成结构性伤害。关于层级结构的危害，实际上在20世纪的不结盟运动中已经被关注。

不结盟运动正式开始于1961年，印尼总统苏加诺在不结盟国家和政府首脑会议第一次会议上做了一个长篇讲演，提出了一些在当时看来颇为新意的观点，他认为结盟看似是合作的一种形式，却常与对抗相随，因为结盟的盟友是为了对抗共同的敌人才联合起来，不管是在盟友内部还是外部，看起来都像是一个中心和由上而下的不平等从属关系构成的。这种不平等的结构会使多个国家缩小为几个阵营，形成对抗性的张力。"不结盟"，提倡建立平等的联合结构，提倡非对抗性的合作形式。这里的平等，是甘地意义上的，而非启蒙运动所发明的个人主义的平等。启蒙运动倾向于将个人视为首要现实，社会则是人类解决冲突的工具。但是在甘地看来，这种个人主义的平等代表着一种消极力量，是对人的社会属性的背离。甘地将"共同人类"作为平等的基石，也正是在这个意义上人类是神圣而不可侵犯的，并且没有人可以自称天生高人一等："我坚信，人人生而平等。所有人——无论生在印度、英国、美

---

① 外交部政策规划司. 以习近平外交思想为指引深入推进中国特色多边主义[N].学习时报. 2019-10-25.

国，或者其他任何地方——都拥有与他人无异的灵魂。也正因为我笃信所有人都拥有内在的平等，我才反对我们的许多统治者妄称优越的说法"①。这种平等的概念延续在甘地对不结盟运动的坚持中。尽管多年来多数人对不结盟运动的研究仅仅停留在就事论事的层面，但不结盟运动中的平等精神却宛如一条潜流，隐现于历史的脉动中。

当旧有的国际秩序模式不断受到挑战，而少数从旧国际秩序中获益的发达国家并不肯正视这个事实，依然沿用零和思维强化所谓的体制对立，推行各种名目的军事结盟的时候，"结盟"的历史便在"不结盟"方向的大舞台中交错上演。这种混乱的局面只能在新的历史能量被释放的那一刻终止。随着"一带一路"倡议的发展，亚洲基础设施投资银行、金砖国家新开发银行、博鳌亚洲论坛的出现和影响，更多满足"平等联合"特征的合作单位登上时代大舞台，行使着"不结盟"之实并表现出"不齐之齐"之态，推动着世界逻辑的转变。不结盟运动具备了越来越浓厚的现实基础，也证明了中国对不结盟原则的奉行是历史正确的选择。在 2014 年中央外事工作会议上，习近平总书记提出"要在坚持不结盟原则的前提下广交朋友，形成遍布全球的伙伴关系网络"。此外，习近平总书记还指出"坚决维护联合国权威和地位是践行真正的多边主义的唯一正确道路"②。正是在这个语境下思考中国提出的"真正的多边主义"，才会发现不结盟运动实际上为多边主义提供了非常重要的

---

① ［荷］西佩·斯图尔曼. 发明人类：平等与文化差异的全球观念史［M］. 许如双译. 桂林：广西师范大学出版社，2022：420.

② 习近平. 论坚持推动构建人类命运共同体［M］. 北京：中央文献出版社. 2018：201.

结构支撑。

平等意味着对多元的尊重。1948年《世界人权宣言》的通过是一个历史性时刻的缩影：现代平等的包容性概念成为一种全球价值，并得到了当时几乎所有主权国家的认可。中国强调包容性的多边主义，国与国之间的交往不具有胁迫性，一国的意志不会强加于他国，提倡共商、共建、共享理念。团结是共同体的内在诉求，塑造团结的方式影响了整个共同体的生长。对于西方的一些特殊主义的共同体内部而言，其在塑造有利于团结的一致性时"惯于使用简化的方式，简化意味着许多的相同型和最低限度的多样性"①。这种对多样性的挤压也挤压了成员的自主空间和正当需求，进而在共同体内部造成了一种排斥的、分裂的作用力，而非聚合的、包容的作用力，它不利于任何形式的共同体的稳定形成和持久发展。而真正的合作意味着共同体的成员做出了一种程度较高的承诺，表明他们是出于自身意愿而相互联合，而非惧于外在要求被迫聚合。这种承诺要以承认成员自主性为前提。承认自主性，也就意味着尊重多元和差异。在现代社会，这更有可能促成团结，维护和谐稳定。正是认识到这一点，人类命运共同体理念倾向于把多样性看作是人类社会的基本特征，认为多元差异并不必然危及团结，也不一定妨碍合作，而是可以被转化为发展的动力和活力。志同道合是伙伴，求同存异也是伙伴。中国从人类整体利益的长远发展着眼，在人类命运共同体的语境下运用辩证智慧，利用矛盾解决矛盾，在保持多元、多样基础上达成协同统一，形成了真正的多边主义。

---

① ［英］齐格蒙特·鲍曼. 共同体：在一个不确定的世界中寻找安全［M］. 欧阳景根译. 南京：江苏人民出版社，2003：184.

下 篇
经验与证明

中国坚持推动构建
人类命运共同体

　　从"中国提出"到"世界共建",是人类命运共同体的基本时空走向。世界共建必须以世界共识为关键,世界共识以世界认知为前提。在前两个篇章中,我们通过对人类命运共同体作为中国智慧和中国方案的研究,解决的是关于其逻辑认知和效用认知的问题。接下来,我们要研究的是关于人类命运共同体信念认知,即推动世界理解人类命运共同体、理解中国一贯坚持推动构建人类命运共同体。

　　阿拉伯谚语说:"被行动证明的语言是最有力的语言。"①想要一种理论具有说服力,恐怕没有比实践证明更好的途径。在最后一个篇章,我们将通过中国的和平发展之路,对当代经济贡献的"互利"智慧,证明中国一直是一个"人类命运共同体"的实践者。中国不但是过去、现在,而且在未来也会一如既往地推动构建"人类命运共同体",其根本的保障力来自于文化基因——"和合"。这种以中国的主体实践讲述"人类命运共同体"的方式是十分必

---

　　①　习近平. 论坚持推动构建人类命运共同体[M].北京:中央文献出版社.2018：123.

要的。

　　演化博弈理论中的阿克塞尔罗德实验证明，你输我赢不是必胜策略，合作共赢才能演化稳定。只是这种演化稳定的前提，是一个合作者的出现与其持续性的合作行动。这个结论提醒我们，很多时候我们不是不能看到合作的巨大利好，而是缺乏一个合作的先行者。20世纪之前，国际关系理论界对于"和平发展"的命题其实并没有太多信心，因为在那个时代很难找出一个走和平发展道路而崛起的国家。改革开放以来，中国在不侵犯他国利益的同时成功地发展了自身，实现了兴国强国目标，成为和平发展道路的先行者，充分证明了和平与发展可以兼顾。进入21世纪以来，中国积极贡献全球公共产品，将一个强国的慷慨品格和一个慷慨的强国实力呈现于世界的同时，以实际行动击破"国强必霸"的伪逻辑，成为新时代人类命运共同体理念的先行者。不论是和平发展，还是发展后继续走和平合作共赢之路，中国实践的意义都是属于世界的、属于未来的。在今后的国际传播中，我们只有多讲中国故事，用历史的、当代的、未来可预期的中国实践讲清人类命运共同体的可行性、有效性、必然性，才能逐渐让人类命运共同体完成从中国提出到世界共建的必要转变。

一、阿克塞尔罗德实验：你输我赢不是必胜策略

　　在上篇中介绍的重复无名氏定理——"合作因演化而生"虽然强大，但并没有指出让合作演化稳定的具体行动者策略。美国行为分析学家和博弈论专家阿克塞尔罗德（Robert Axelrod）于2007年出版了合作博弈领域的经典之作《合作的进化》。在书中，他详细介绍

了自己的一个经典实验,即通过计算机程序语言模拟的方式,得出一个具体的演化稳定合作策略,并指出合作者的先行行动是策略成型的关键。

他将实验设定为计算机模拟参赛者根据博弈环境提交自己的比赛策略,每个参赛者所提交的策略会和其他策略博弈,总共进行200轮的囚徒困境式博弈并计算总得分。根据实验结果分析,一种名为"一报还一报"的策略在竞赛中胜出,即持有该策略的主体在第一回合先采取合作策略,以后一旦对方背叛,自己也背叛;对方合作,自己也合作。简言之,除第一回合外,以后总以对方上一回合策略回应对方。"一报还一报"策略简洁明了,之后被应用于许多关于个人、组织和国家间合作的产生和进化问题的研究。只是"一报还一报"策略尚存在一个问题,而这个问题在毫无缺陷的计算机程序互动过程中并不能直接体现出来,即人类或者其他动物会犯错误。"噪声"在合作演化进程中扮演着重要角色。阿克赛尔罗德将"噪声"引入计算机程序进行修正,提出"宽宏的一报还一报"策略,即博弈主体总是怀着对对方充满信任的态度开始博弈并保持着强烈的合作偏好。相较于"一报还一报"策略,"宽宏的一报还一报"策略的优势在于具备更强的包容性。经过多轮计算机模拟实验,"宽宏的一报还一报"策略战胜"一报还一报"策略,成为演化稳定策略。

为了更好地理解前述内容,我们需要解释一下"演化稳定策略"。演化稳定策略的含义是,在博弈互动中被大多数群体持有,不会有其他策略使持有者获得更高收益,外部入侵者难以更改的一种可以稳定演化的策略。阿克塞尔罗德对此的解释是,"宽宏的一报还一报"策略通过合作提升群体整体收益,相比较于持有其他策略的群体,这种群体具有更强的环境适应性。当然,这种强适应性不是天然形成的,它起源于一个主体的具体的合作行动,并且这种合作行动是持续的,不会被轻易更改的。

阿克塞尔罗德实验关于演化稳定策略的研究具有重要的理论意义和实际价值,它强调了一个合作者的先行和持续行动对于合作关系的形成是至关重要的。接下来,我们将运用这种方法论,对中国坚持推动构建人类命运共同体的实践进行研究。

二、历史没有说谎:中国的经验与证明

在国际化的学理阐释中,分析"人类命运共同体"思想与政治学、经济学、社会学、合作博弈理论、文化理论、哲学等学科的对接点不是终点。为此,我们要再回到中国实践经验中,回答现有理论中亟待解决的问题,说明"人类命运共同体"思想的深刻内涵、创新性和超越性,同时说明其相应的学科理论支撑。

在国际政治学和社会学中,包括以模型论研究人类社会发展的理论中,都有不少学者持有这样的观点:合作是人类社会发展的必然趋势,是人类互动中的稳定策略。但同时,相关理论存在的问题是缺乏支撑其"必然性、有效性"的完备基础。正因为有太多人不会乐观地相信在相互依存的现实中,通过合作可以走向更积极的命运,所以合作没有成为首要的选择。

理论中解决不了的问题,实践会给出方案。中国改革开放的成功经验和"一带一路"对于世界经济拉动的最新数据提供了这样的历史证据:除了零和博弈,我们有更好的选择,因此有更好的结果,从选择到结果的有效性是通过中国道路演绎的。包括开放、合作带来中国与世界的共赢(win-win)内涵,非零和博弈在人类社会的稳定性和

持久性,以及在中国"和合"文化和历史上数次的民族交融和文化融合中的具象化。

　　"人类命运共同体"的实践主体是世界各国。作为一项只能经世界各国共建而成的集体实践,在各种政治制度、文化环境、意识形态的巨大差异面前,想要立即形成同时的、联合的行动并不现实。这种时候,一个主体先做出"人类命运共同体"式的实际行动对于提升其他主体的实践信心十分关键。共同命运是指行为体的生存、健康、幸福取决于整个群体的状况。① 共同命运不同于相互依存。前者是由把后者涉及的行为体作为一个整体对待的第三方建构的,具有非具身性和超前性。具有共同命运的行为体不一定具有悟知自我,这就是为什么其中的行为体在合作方面依然存在着重大障碍。在不具备具身性和现时性并且超过一个行为体的承受范围的严重威胁之前,共同命运的信息传达要取决于一个"倡导者"②。

　　改革开放以来,中国的和平发展道路、坚定奉行的互利共赢开放战略,都可视作中国所作出的"人类命运共同体"式的行为倡导。中国不仅在过去走"人类命运共同体"式的发展道路,在当代继续践行人类命运共同体理念,还将在未来继续坚持推动构建人类命运共同体,其中坚实的支撑,来自中华民族的文化基因——"和合"。在关于"人类命运共同体"的国际传播中,我们要充分重视关于"实践"的传播,要善用中国实践为"人类命运共同体"证明。

----

　　① ［美］亚历山大·温特. 国际政治的社会理论［M］. 秦亚青译. 上海:上海人民出版社, 2008:339.

　　② ［美］亚历山大·温特. 国际政治的社会理论［M］. 秦亚青译. 上海:上海人民出版社, 2008: 342.

（一）中国的和平发展道路

博弈论中"海盗分金"的案例，常常被用来分析在冷战结束后美国优势地位的形成。

该案例具体为五个在大海中漂泊的海盗讨论如何分配抢来的100枚金币。规则如下：首先，5人抽签决定各人的号码（1，2，3，4，5）；其次，由1号提出分配方案，然后5人表决，当且仅当超过一半人数（大于等于3人）同意分配方案时，方案才能通过，否则他将被扔入大海喂鲨鱼，依次类推。那么1号海盗将会提出怎样的分配方案？

博弈的求解过程如下（逆推法）：假设1—3号海盗都喂了鲨鱼，只剩4号和5号，那么5号一定会投反对票让4号喂鲨鱼，以独吞全部金币。4号可以预见到这种局面，所以只有支持3号才能保命。3号也知道这一点，就会提出（100，0，0）的分配方案，因为他知道4号一无所获也还是会投赞成票，再加上自己一票，他的方案即可通过。不过，2号也会推知3号的方案，于是他就会提出（98，0，1，1）的方案，即放弃3号，而给予4号和5号各一枚金币。由于该方案对于4号和5号来说，比3号分配方案更为有利，他们将会支持2号而不希望他出局而由3号来分配。当然2号的方案也会被1号所洞悉，于是1号将会提出（97，0，1，2，0）或（97，0，1，0，2）的方案，即放弃2号，而给3号一枚金币，同时给4号（或5号）2枚金币。由于1号的这一方案对于3号和4号（或5号）来说，相比2号分配时更优，他们将投1号的赞成票，再加上1号自己的票，1号的方案可获通过。这样，1号在保证方案通过保住性命的同时，还可获得97枚金币，实现其最大收益。

稳定性是一个博弈的解应该具有的主要的特征。海盗分金模型可以用来解释美国的先行者优势是如何得到的,但这种优势只是暂时的,因为这个博弈的前提是博弈是静态且只进行一次的。而在现实中,人与人、国与国的交互是动态而持续的。世界多极化进一步发展,新兴市场国家和发展中国家的崛起已经成为不可阻挡的历史潮流。没有一个国家能够维持这样的先行者优势。不仅是先行者自身优势很难维持,零和博弈在现实中的也不能求得所谓的稳定均衡解,这就表现为冲突的不断爆发。没有一个国家能凭一己之力谋求自身绝对安全,也没有一个国家可以从别国的动荡中收获稳定。弱肉强食是丛林法则,不是国与国的相处之道。只追求自身利益的最大化而不是共同利益的最优化,会加剧国际关系的紧张和恐慌,许多看似无解的国际问题都源于此。

政治的上层建筑总是维护经济基础的。全球化时代决定了"非和平"与"半和平"的道路是行不通的。随着资本、技术、信息、人员跨国流动,国家之间处于一种相互依存的状态,一国经济目标能否实现与别国的经济波动有重大关联。各国在相互依存中形成了一种利益纽带,要实现自身利益就必须有维护这种纽带体系的机制,即国际秩序体系。国家之间的权力分配未必要像过去那样通过战争等极端手段来实现,国家之间在经济上的相互依存有助于国际形势的缓和,各国可以通过国际体系和机制来维持、规范相互依存的关系,从而维护共同利益。

和平与发展是当今时代的主题,不同制度和不同文化之间出现了和平共处和协调共存的条件。和平与发展不仅是时代主题,中国也在"和平与发展"中做到了主客观的统一。中国提出要做世界和平的建设者、全球发展的贡献者、国际秩序的维护者。可以说,中国的和平崛起成为国际政治交往突破零和困境的先例。

一个小国崛起，往往不会引起世界的震动，因为这在一定程度上不会冲击现有的国际秩序和格局、不会影响现存霸权国家的世界地位和战略利益。中国是一个人口大国，采用什么方式崛起，崛起后如何与世界相处，必将给世界走向与命运带来不可估量的重大影响。中华人民共和国成立以来，始终奉行独立自主的和平外交政策，坚定不移地走和平发展道路，通过争取和平的国际环境来发展自己，又通过自身的发展来促进世界和平。中国在过去是和平共处五项原则的倡议者，现在更是人类命运共同体式的新型国际关系的开拓者。在和平共处五项原则发表 60 周年的纪念大会上，习近平主席指出"和平共处五项原则中包含 4 个'互'字、1 个'共'字"①。"互""共"也是"人类命运共同体"在场语境中出现频率最高的字。从和平共处五项原则，到人类命运共同体的提出，体现了中国对和平发展的一贯的、执着的追求。从公元前的伯罗奔尼撒战争到两次世界大战，再到冷战和世界局部冲突给人类带来了惨痛教训，人类意识到和平弥足珍贵。因此，和平在人类社会的地位不言而喻。在党的二十大报告中，习近平真诚呼吁："世界各国弘扬和平、发展、公平、正义、民主、自由的全人类共同价值。"②和平与发展是全人类共同价值，也是无产阶级政党对实现人类美好生活的伟大实践。

费孝通先生指出：这个全球性大社会我们古人就称为大同世界的共同道德秩序，怎样实现和什么时候实现……也许尚难以得出答案。但是又只有在当前人类的努力追求和不懈探索中，这个最后的

---

① 习近平. 弘扬和平共处五项原则　建设合作共赢美好世界[N]. 人民日报，2014-06-29(002).

② 习近平. 高举中国特色社会主义伟大旗帜　为全面建设社会主义现代化国家而团结奋斗[N]. 人民日报，2022-10-26(001).

"美好社会"才会出现在这个地球上。① "人类命运共同体"在某种意义上是对天下大同设想给予的历史性回应。中国已经以自己的行动向世界表明:一个大国,一个即使意识形态和社会制度不同于先起大国的国家,也可以走出一条前无古人的和平崛起之路。中国无论发展到什么程度,永远不称霸,推动世界共同构建"人类命运共同体",这是在底层上击破"国强必霸"的逻辑,跨越"修昔底德陷阱"②。修昔底德陷阱,由美国哈佛大学教授格雷厄姆·艾利森提出,此说法源自古希腊历史学家修昔底德就伯罗奔尼撒战争得出的结论,雅典的崛起给斯巴达带来恐惧,使战争变得不可避免。格雷厄姆·艾利森用这个概念来说明,一个新兴大国必然会挑战守成大国的地位,而守成大国也必然会采取措施进行遏制和打压,两者的冲突甚至战争在所难免。

(二)中国的经济增长始终走在"互利"的平衡点上

全世界都在关注崛起的中国,不只关注中国以什么方式崛起,也将继续关注崛起之后的中国要以什么方式与世界相处。中国给出的回应是,始终不渝奉行互利共赢的开放战略。

毛泽东曾指出:"无论是人与人之间、政党与政党之间、国家与国家之间的合作,都必须是互利的,而不能使任何一方受到损害。"③新时代,中国以开放的姿态融入世界经济发展的大海,之所以能在自身

---

① 费孝通.费孝通全集.第14卷,1992~1994[M].呼和浩特:内蒙古人民出版社,2009:216.

② 自信自强守正创新[N].人民日报,2022-05-30(008).

③ 中华人民共和国外交部,中共中央文献研究室.毛泽东外交文选[M].北京:中央文献出版社、世界知识出版社,1994:167.

强大的同时也为世界经济增长注入强劲动力，关键在于探寻出了一国自身强大和世界共同发展之间的平衡性。新时代，中国提出"包容性增长"理念，在自身崛起后允许其他国家共享发展成果，与各个民族国家共享全球市场、共享科技成果、共享发展机遇，共同实现发展，欢迎世界各国搭乘中国发展的"顺风车"。中国的"包容性增长"能够同时包容发展中国家与发达国家的发展：一方面，中国是最大的发展中国家，代表着广大发展中国家的利益，更能深切地体会发展中国家和新兴经济体的需求；另一方面，中国是世界第二大经济体和第一大货物贸易进出口国家，与发达国家经济体量相当，更容易发展与发达国家的合作与对话。中国提倡"包容性"增长，对发展中国家以"输血"带动"造血"的方式展开援助，提升了发展中国家的整体实力，从而为与发达国家实现更平等的对话做好了铺垫。众乐乐的包容性增长完全不同于西方发达资本主义国家的零和经济增长模式，它为世界经济的复苏和平衡状态的稳定注入了一股系统力。

国际价值规律要求世界市场各国在国际商品（服务）交换中按照国际价值量进行等价交换正是互利共赢的理论基础，或者说，世界市场理论中国化的最新成果和最新应用，就是互利共赢的合作方式。互利共赢可以更好地让发展中国家和发达国一样，平等地、共同地享有经济全球化和世界市场发展的成果。中国互利共赢的合作方式为国际经济新秩序的建立起到示范作用。从中国对外贸易的发展历程来看，互利共赢的合作思想不仅支撑了中国经济的高速增长，还使世界市场上的其他国家从中获益，从而使中国成为世界经济增长的助推器。作为世界贸易组织的成员国，中国加入世界贸易组织以来也以不断开放的姿态带来了全球进出口贸易的稳步增长，中国强大的吸引外资能力更为在华的投资企业创造了丰厚的利润来源。所有事实都充分表明,中国将互利共赢的合作思想付诸实践,向世界市场提供了物美价廉的制造品,以开放的姿态为世界各国提供了广阔的投资和消费市场,帮助落后国家渡过难关、共同发展,为世界经济和世界贸易的发展作出了积极的贡献,为国际经济新秩序的建立起到了良好的示范作用。但是,伴随着世界市场的发展和世界经济利益格局的变化,中国以互利共赢的理念倡导国际经济新秩序的道路依旧曲折。因此,中国在全球开放规则的制定过程中,绝不能够做规则的被动接受者,而应以中国的自身情况巧妙地、智慧地制定循序渐进的开放规则。

互利是正和博弈的均衡点。互利共赢之路的可贵之处除了在于破解零和博弈思维,还在于它不同于利他主义,不用牺牲自己也能发展他人。在国际金融危机发生之后,对相关领域治理的博弈策略存在两种类型。一类是以发达经济体为主的国际市场份额最大化的博弈策略。这种策略秉承的是以新自由主义结构调整改革方案为核心内容的"华盛顿共识"理念,以个体理性为出发点,追求通过攫取最大限度的国际市场份额来实现本国经济的快速复苏。发达经济体参与治理的这种策略沿承了个体理性而集体非理性的"囚徒困境"逻辑;这是建立在个体理性基础上的治理,是以本经济体经济复苏为根本原则的治理;在全球集体层面却充斥着以市场"跷跷板效应"为特征的非理性治理。由于发达经济体的救市策略没有做出国际市场的增量,只专注于存量国际市场份额的重新划分,推动国际市场争夺矛盾尖锐化。另一类是中国的做大国际市场增量为核心的博弈策略。与前者不同,这种策略秉承协调合作、可持续发展与宏观监管相结合的理念,追求在互利共赢的基础上通过开拓后发经济体市场做大国际市场规模,强调做大国际市场增量的重要性,打破了传统治理思维,致力于所有博弈主体互利共赢。两种博弈策略的博弈总收益相比较,孰优孰劣就十分明确了。很显然,如果所有博弈主体都采用前一种策略,会让国际金融危机治理的总收益最多为零,更多情况下是负数。第二次世界大战前的资本主义经济大危机治理的历史以及治理的结果已经明确地指出了这种负和博弈的结果——战争把各国经济复苏的追求化为灰烬。如果博弈主体采用中国选择的策略,或主要经济体采用中国选择的策略,会让国际金融危机治理的总收益为正数。此外,还可以通过开拓后发市场寻求世界经济增长点,在完成对国际产业链下游经济体扶贫任务、造福当地民众和政府的同时,也为自己的经济发展找到了动力。

　　"一带一路"倡议就是国际金融危机治理的博弈产物,也是历次全球经济危机治理方案的升华。新时代,中国提出"一带一路"倡议。中国学者普遍认为,"一带一路"是"人类命运共同体"最主要的实践平台。"一带一路"以"五通",包括政策沟通、设施联通、贸易畅通、资金融通、民心相通,为沿线各国充分发挥其自身资源优势,释放经济增长活力创造基础,也为打造人类命运共同体夯实了全球化根基。"一带一路"以文明互鉴为理念,包含着古丝绸之路的文明基因和友好传统,在合作伙伴中引起广泛共鸣并架起一座文化交流的桥梁,推动人类命运共同体思想传播。"一带一路"之所以能够走深走远,最根本的是它具有平等的价值内核,提倡共商、共建、共享,这与20世纪美国提供的那种强加式的、居高临下式的,封闭排他式的所谓援助西欧的"马歇尔计划"截然不同。它允许任何国家加入其中,绝不是对全球秩序的推倒重来,为完善全球治理体系变革提供了新思路、新方案,是构建人类命运共同体的必由之路。"一带一路"扩大了全球化的"非零和"式发展的版图,是中国向世界提供的引领全球化走出零和困境的国际公共优品。2017 年 5 月 14 日，联合国秘书长古特雷斯称赞说，中国"一带一路"倡议和联合国"2030 可持续发展议程"，都有助于实现可持续发展，都有助于创造机遇、创造公共产品。

那么"一带一路"会不会诱发公共品的搭便车现象呢？

公共物品实验是用来研究人类合作问题的经典实验。经典的线性公共物品实验中，有 N 个参加者组成一个小组，每位参加者被赋予一定的初始禀赋 d，他们可以决定将一定比例的禀赋投入一个公共账户，投入数额 $0 \leq c \leq d$，剩余的部分是私人所有，投入公共账户的所有货币以一定的比例 g 放大，然后平均分配给每个人。所以当 g<N 时，每个人的最优选择是搭便车，保留全部禀赋为私人收入而分享他人贡献的好处。但是投入的合作行为会带来合作剩余，大家投入时的结果要优于都不投入。这体现了典型的集体理性和个体理性的冲突，古典经济学理性自利人假设下的均衡结果表明所有人都会选择搭便车而不投入，最终导致合作失败。经济学家以此经典实验为基础广泛研究了促进人类合作的机制，发现领导者在合作中扮演的角色。但是在实践中，领导者面临的一个重要挑战是如何引导追随者向自己希望的方向行动。

与寻求"领导者"角色的路径不同，"一带一路"走的是一条"去中心化"的路径。即使是提供公共产品，"一带一路"也依然在奉行"授人以鱼，不如授之以渔"的原则，向对象国家提供可以激发其内生动力的"可转化产品"，以开创发展新机遇，谋求发展新动力，拓展发展新空间，实现优势互补、互利共赢，携手应对世界经济面临的挑战，不断朝着人类命运共同体方向迈进。

"一带一路"向沿线有关国家提供公共产品，不仅是指提供国际公共产品，也是通过提供国际准公共产品、国际国家产品，甚至是提供国际私人产品,转化成需要国家的公共产品和准公共产品,激发对象国的内生动力。"一带一路"国际供给品在所在国国内的转化主要包括四类①。首先,是国际公共产品转化为国内的公共产品和准公共产品。由主权国家、其他国际组织、公司和个人提供给特定国家的一些免费和排他性的国际公共产品,有的可以成为所在国国内的基础设施等非排他和免费的公共产品;如果提供方免费提供的是公共交通车辆,但是所在国除了补贴,运营时还需要收取一定的费用,则转变成了国内范围非排他和部分收费的准公共产品。其次,是国际准公共产品转化为国内的公共产品和准公共产品。比如由世界银行、其他国际金融组织和主权国家,无息、贴息和低息贷款兴建的国际准公共产品——公路,在所在国变成了免费通行的公路——排他和免费的公共产品;又如贷款投资所建设的准公共产品——医院,则看病时可能要收取一定的费用,变成了所在国非排他和部分收费的准公共产品。再次,是国际国家产品转化为所在国的国内公共产品和准公共产品。资源丰富、具有成长性、未来经济前景好的国家,还可以与其他主权国家协商,由其提供国家产品,甚至购买国际私人产品,形成自己国内非排他、免费的公路等公共产品,或者部分收费的医院等准公共产品。对于提供方的性质来讲,是契约约定、等价交换。最后,是国际私人供给品转化为国内的私人产品。由境外其他国家公司、跨国公司,向需求国提供的私人产品,并且由个人使用消费的供给品,则完全是国内排他和等价交换的私人产品。

当需求方国家为自己国家内部形成公共产品和准公共产品这种

---

① 周天勇.人类命运共同体与"一带一路"供给品安排——一个经济学视角的分析和阐释[J].经济研究参考,2018(37):3-17.

国家利益向供给方国家寻求合作时，供给方国家按照国际市场等价交换的原则，可以以国际国家产品的方式予以提供。这种基于两国国家利益的政府间的契约协商，让国家间合作共赢，实际就是人类国家利益共同体。在基于共商、共建、共享原则基础上的利益共同体框架中，"一带一路"不仅不会是中国版的马歇尔计划，也能有效规避搭便车的危机和潜在的"公地悲剧"风险。

（三）中国坚持推动构建人类命运共同体的文化基因——"和合"

钱穆说："中国人常抱着一个天人合一的大理想，觉得外面一切异样的新鲜的所见所值，都可融会协调，和凝为一。这是中国文化精神最主要的一个特性。"[①]中国能够坚持走和平发展之路，走出一条与西方军事扩张完全不同的崛起之路，能够始终坚持开放包容的经济增长模式，不会陷入逆全球化的泥潭。这些皆可以归因于中华文明中蕴藏着"和合"的文化基因。这种文化基因，决定了中国在未来将一如既往地坚持推动构建人类命运共同体。

从语源学层面来讲，"和""合"二字最开始出现于甲骨文和金文中，拥有十分悠久的历史。在古代文献中有和谐、调和之意。"和合"两字连用始自春秋时期，"和"与"合"日渐具有内在同一性并成为一个整体性的概念，贯穿整个中华民族发展历程。

"和合"在中国古代文化中有着广泛的文本基础，《左传》较早地记录了中国的"和"思想："若以水济水，谁能食之？若琴瑟之专一，谁能听之？同之不可也如是。"这段话来自春秋时期晏子和齐侯的一场

---

① 钱穆. 中国文化史导论[M]. 上海：上海三联书店，1988：162.

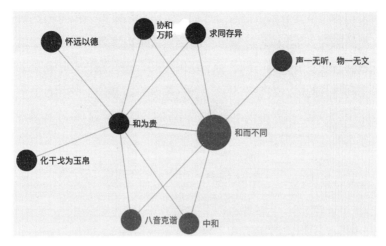

图2 "和"的术语逻辑源自中华思想文化术语库
https://shuyuku.chinesethought.cn

对话，晏子用这两个比喻说明绝对等同无以"和"，只有不同事物之间的调和才能达到"和"，强调了和合是多种异质因素相互融合的过程，即"和而不同"。其一，承认异质因素的存在；其二，吸取异质因素中有利的因素和其他因素的组合；其三，各种因素的有序组合而不是简单的融合、杂糅；其四，和合是动态的和合。中国古代不少学术流派对于"和合"文化都较为推崇（见图2），如儒家的孔子将"和"视为人文精神的核心，强调说"礼之用，和为贵"。道家学派创始人老子提出"万物负阴而抱阳，冲气以为和"，意指"和"是万物生存的基础。"人法地，地法天，天法道，道法自然"（《道德经》），将道、天、地与人看作一个整体的发展系统，认为任何干预破坏自然界的行为都是违背天理的，主张建立人与自然和谐共生的关系。"天地与我并生，而万物与我为一"（《庄子》）体现了天人合一的宇宙观。管子将"和""合"共同提出，认为"畜之以道，则民和；养之以德，则民合，和合故能习"，即和合以共赢。墨子亦提出，"离散之心，不能相和合"。法家经典《管子》中有"和合故能习，习故能偕"的政治思维。《左传》中明确记载了关于和与同的观点讨论，晏子提出"和而不同"的含义分为两层，即尚和但是不盲从、纳和但是不排异。体现了"和而不同、开放包容"的文明观和"美人之美，各美其美，美美与共"的价值认同。

　　"和合"具有民族存续的存在论基础。东周时期，史伯一语点破了周幽王、郑桓公治国方略的弊端："夫和实生物，同则不继"（《国语》），意为和谐则万物即可生长发育，完全相同一致则无法发展继续。孔子对这一观点进行了补充和深化："君子和而不同，小人同而不和"（《论语》）。社会学家费孝通指出，中华民族是一个多元一体的民族共同体。所谓一体，是指其有共通性和稳定性，特别是同祖、同根、同文等，它比多元的层次更高，具有以和合文化为内核的中华民族凝聚力，使得中华儿女在民族危难的时候会愈坚强，足以战胜任何艰难险阻，转危为安。荀子提出"和则一，一则多力，多力则强，强则胜物"意为通过"和而合一"的交往观处理人们的矛盾，使人际关系处于平衡状态以实现群体的共同发展。金庸（1994）曾在北京大学发表演讲，讨论中华民族得以不断发展壮大的深层次原因和内在规律。他指出，纵观中国历史，大概可以看到这样一个规律，即外族的入侵常常是华夏民族的转机。历史上其他国家民族在遭遇外族入侵时，要么打赢，要么打不赢，打不赢则这个国家或民族多半垮台。世界上虽然有的文明历史比中华文明早，范围比中华文明大，比如巴比伦文明、埃及文明、希腊文明和罗马文明，但这些文明却因遇到外力的打击，或者自己腐化而逐渐衰退、消亡了。然而，中华文明则不然。中华民族在遭遇外族入侵时，也有打赢和打不赢的情况，但打不赢时却很难被征服，这是因为华夏民族一方面有一股韧力、一股很顽强的抵抗力量,另一方面在文化上很开放和包容。这表现在,外族人来了,华夏民族就同他们交融,变成一个民族,我们的民族就因此壮大起来;之后可能又腐化、衰退,或者分裂,外族人又来了,我们民族再与之交融,又发展壮大,如此循环往复。"协和万邦"出自《尚书》,其主旨思想是对本国事务进行有效治理的前提下,与其他国家进行积极的沟通,实现协同发展。

"和合"文化强调和谐、融合,在马克思主义基本原理同中国具体实际相结合方面也有所体现。近代以来,马克思主义传入中国,中国共产党人结合中国革命的具体实际,对其积极引入并有效结合运用,形成了符合中国实际、具有中国特色、符合中国社会发展需要和人民需求的中国化的马克思主义。这体现出中华优秀传统文化具有强大的包容性,同时也揭示出中华优秀传统文化不断发展壮大的重要原因,正是"海纳百川,有容乃大""天下无外"其所指。

"和衷共济,和合共生是中华民族的历史基因,也是东方文明的精髓"[①]。"和合"基因赋予了中国的文化包容性,同时也赋予了中国的交往韧性。这种韧性是在不以超越为前提,不以冲突为过程,不以威胁为结果的中国发展道路中显现的。历史不能决定未来,历史只是有限时间的表征,所谓决定不是一段时间对另一段时间的关系,而是一种行为对另一种行为、一种经验对另一种经验、一种选择对另一种选择的关系。文化是人从欲求到结果之间行之有效的行为方式的总和。"和合"文化基因的"韧性"不由时间或天赋决定,而由实践赋予。也正因如此,这种"韧性"不会随着时间的延展而消散,却会在中

---

① 习近平. 中国发展新起点　全球增长新蓝图[N]. 人民日报,2016-09-04(003).

国当代的实践中不断加强。中国提出并坚持推动共建"人类命运共同体"从来不是一个认识论的问题,而是一个实践论进而是一个存在论的问题,是"和合"基因在当代的必然反射,也是对人类社会始于合作而非冲突的回应。

Chapter I
Observation and Proposition

"A Human Community of

Shared Future":

Non-zero-sum Time

In this chapter, we will see that as a socially conscious " a human community with a shared future" , it has an objective social basis for existence. "A human community with a shared future" talks about a-bandoning zero−sum thinking. It is by no means groundless, but based on the observation of world reality. In the non−zero−sum time, zero−sum thinking, as a backward social consciousness, hinders the progress and development of the world and creates a zero−sum dilemma. The inevitable presentation of this dilemma can be strictly deduced through a classic case in game theory, the prisoner´s dilemma. The most thorough way to get rid of this backward social consciousness is to replace it with a new consciousness, which is the " A human community with a shared future" .

In this chapter, we will also introduce another game model, the repeated prisoner´s dilemma, that the process of human interaction actually contains the real power to escape the zero−sum dilemma. When the prisoner´s dilemma is repeated many times, the group can evolve to reform the dilemma, and then get out of the dilemma through cooperative behavior. This evolution can only take place under certain conditions, which is an open interactive environment. Once the interactive environment is compromised, humanity will once again slip into the zero-sum dilemma that is why "a human community with a shared future" insists on the irreversibility of globalization and builds an open economy. Open economy is the underlying economic foundation for the international community to work together to get out of the predicament, and the irreversible globalization is safe to the international cooperation environment. Although globalization is irreversible, the ills of globalization cannot be ignored. The solution given by "a community with a shared future" is to replace de-globalization with "new globalization".

Conception-[the zero-sum dilemma]

When the "zero-sum" thinking can no longer create winners, it will "have one place acting with selfish motives and causing chaos for a region or even the rest of the world", the "zero-sum game" becomes a "zero-sum dilemma". Zero-sum dilemma is briefly expressed as

non-zero-sum realistic conditions + zero-sum game thinking = negative sum results

Then there is only one way to break through the zero-sum dilemma, that is, to break through the confusion of zero-sum game thinking and form A new model of

non-zero-sum realistic conditions +

cooperative game thinking = positive-sum outcomes

1-domain : zero-sum dilemma in economy

All observations on the world economy today cannot be separated from the phenomenon of economic globalization. Due to globalization, the sustainable economic growth of a country is inseparable from all the world's The economic growth capacity of the country where consumption and production are carried, and the "non-zero-sum" economic development conditions are objectively formed. When the "zero-sum" economic behavior encounters a "non-zero-sum" economic environment, the "zero-sum dilemma" occurs at the economic level. The zero-sum balance is tilted toward the developed capital-advantaged countries in the short term, so that the capital-advantaged countries and the disadvantaged countries will have a phenomenon of "one win and one loss" in the short term, and then there will be such a joint effect : because the capital-advantaged countries will generally the technological projects, technological production equipment and enterprises that tend to be surplus or eliminated in their own countries will be transferred to developing countries, and developing countries will be restricted to lower technological levels in a path-dependent manner. Its low-end value chain and low level of food and clothing cannot further provide sufficient investment market and consumption capacity for advantageous countries, which in turn will inhibit the realization of the next round of capital in capital-advantaged countries, and the cut-off of capital will eventually lead to a global financial crisis. During the financial crisis, the economic growth rate of the capital-dominant countries returned to the level of the previous economic growth cycle, and even the normalization of economic stagnation appeared. The phenomenon that the economic development of emerging countries is inhibited and the capital advantage countries are "re-inhibited" is actually a manifestation of the contradiction between the unlimited expansion of capital and the limited regeneration of resources. In this contradictory movement, all countries in the chain of economic globalization have to face a situation of "lose-lose", and the "zero-sum dilemma" of the world economy appears.

1-model: prisoner's dilemma

In 1950, American scholars Merrill Flood and Melvin Dresher formulated the relevant zero-sum dilemma theory, which was later proposed by Russell Hardin expressed in the form of "prisoner's dilemma", which has become a classic model in game theory.

Figure 1-1 depicts the function matrix from game strategy to game outcome for two actors (prisoners) A and B in the "Prisoner's Dilemma" model. There are two strategies in the model: cooperative strategy and non-cooperative strategy, denoted by C and D, respectively. Both parties have only one, independent opportunity to act. R, T, S, and P in the figure represent the benefits obtained by the two parties after making strategic actions.

The model depicts such a situation: assuming that $S<P<R<T$, and $T+S<2R$, this means that if both parties choose to cooperate, not only will the benefits obtained by each party be greater than the benefits of choosing not to cooperate, And the total benefit of both parties will reach the maximum value, which is 2R. However, the actual situation of the "Prisoner's Dilemma" is that both parties can't believe that the other party will take cooperative actions, and are unwilling to bear the worst benefit S obtained when the other party cooperates because the other party does not cooperate. Therefore, both parties adopt a non− cooperative strategy, that is (D, D), and finally get the game result with the payoff (P, P).

B

		C	D
A	C	(R,R)	(T,S)
	D	(S,T)	(P,P)

Figure 1−1

The core of the "prisoner's dilemma" lies in the "dilemma", that is, under the premise of individual rational choice, the two parties choose to maximize their own benefits, but eventually move to a profit− and−loss situation. The so−called "profit maximization" does not achieve Get what you want, and it will never come true. The occurrence of "dilemma" has both subjective and objective factors. Objectively, the two parties are in a "non−zero−sum situation" that must maximize the collective benefits in order to maximize their own benefits. Subjectively, the two parties adopt a "zero−sum strategy" that only focuses on maximizing their own benefits and ignores the other's benefits, and even believes that their own benefits must be achieved by causing the other party′s profits and losses. A "zero-sum dilemma" occurs when a "zero-sum strategy" encounters a "non-zero-sum situation. " On the big stage of today′s world economy and politics, there is no shortage of "zero-sum dilemmas".

1 - solution: Right approach to justice and the pursuit of interests[①]

Faced with the "zero-sum dilemma" of the world economy, "a human community with a shared future" advocates abandoning the zero-sum thinking and proposes to right approach to justice and the pursuit of interests. Because of the current global supply chain, industrial chain and value chain, emerging markets and developing countries have become a systematic force in maintaining the balance of the world economy. In the past decade, their contribution rate to global economic growth has reached 80%, especially In the post-financial crisis period, the growth of developed countries slowed down, which means that the new drivers comes. "A human community with a shared future" keenly captures the synergistic effect between developed countries and "emerging markets and developing countries" in globalization, and therefore advocates that developed country should maintain a sufficiently open at-

---

① Xi Jinping. *On Building a Human Community with a Shared Future*[M]. Beijing:Central Compilation & Translation Press, 2019: 74、143、162、206、208、210、220、232、261、265、271、285、304、308 - 309、351、398、437、498、504、518、550、553.

titude and consider their own interests in a larger pattern that allows e-merging markets and developing countries to have their legitimate development opportunities. It seized the key to reverse the "zero-sum dilemma" in economy through mutual benefits.

2-domain: zero-sum dilemma in politics

Combining the three factors, nuclear weapons, the United Nations, and globalization, the possibility of disputes and conflicts between countries in the world escalating into large-scale wars has been suppressed, and the threat between countries has gradually given way to the "common threat" faced by all countries. These appearances of "common benefit" reveal that the objective conditions of "non – zero sum" in today's world politics have basically taken shape. However, objective conditions do not always translate into universal subjective perceptions in time, and the sense of hostility among nations still prevails. When "zero-sum" political thinking encounters a "non-zero-sum" political environment, the "zero-sum dilemma" arises. Today, although many countries with "zero-sum" political thinking no longer use the seizure of other countries´ territories as a means to enhance their rights and interests, they have replaced them with more moderate means of rule of law, that is, using the rules and laws of some international organizations to continue to maintain Its hegemony and power have affected the normal functioning of international organizations while causing regional conflicts and turmoil. In the face of various non-traditional security threats, international governance deficits frequently appear. The international relations model dominated by "zero-sum" political thinking endows the current international governance system with the characteristics of "bullying the weak", and also strengthens the characteristics of globalization in the world economy level, "supporting the strong and suppressing the weak". International political operation must solve its own existing "zero-sum dilemma" in order to fully realize the demands of the times for "peace and development".

2-model: same as 1-model

2-solution: Open, inclusive, balanced and beneficial to all[①]

The core issue of international politics is first and foremost the issue of national security. Realistic international political theory has a "zero-sum" core in the way to find national security, that is, it believes that one's own security must be obtained by attacking other countries, and the strength of other countries means a threat to one's own. This kind of "building an enemy" will not help solve its own security problems, but will also put the world in a "security dilemma". "A human community with a shared future" emphasizes that security must be obtained through cooperation rather than hostility, and emphasizes that "justice" must surpass "hegemony", and ultimately, the construction of a new type of international relations must transcend the limitations of

---

① Xi Jinping. *On Building a Human Community with a Shared Future* [M]. Beijing: Central Compilation & Translation Press, 2019:298、434、450、491、503、511、535.

the old international relations. What kind of international relations is the new kind of international relations? That is open, inclusive, balanced and beneficial to all. In the 19th National Party Congress, Open emphasizes each country should respect the social system and development path independently chosen by each other. Inclusive emphasizes opposing the power politics of others by the force. Balanced emphasizes national security must be considered from the overall balance and long—term stability of the development of international relations. Beneficial to all emphasizes the international community is formed by the equality and mutual structure of all countries.

3—domain: de—globalization

There are two aspects with de—globalization. One is the rise of trade protectionism, especially the UK's vote to leave the EU, the US withdrawal from the Trans — Pacific Partnership Agreement and the North American Free Trade Agreement. Second, populism is prevalent, and Western politicians use populist sentiment to blame foreign countries for their own problems, such as Western leftists advocating i-solationism and Western right—wing unilateralism. Regarding the reason for de—globalization, scholars at home and abroad generally believe that it is caused by the inherent contradictions of capitalism. As the French economist Thomas Piketty said, throughout the 300—year history of capitalism, the root cause of income inequality is that the rate of return on capital exceeds the growth rate of the economy.

In terms of time alone, there is a "time lag" between the manifestations and causes of de-globalization, spanning more than 300 years. This question shows that the performance of de-globalization is actually an inevitable manifestation of the accumulation of the inherent contradictions of globalization breaking through a certain tolerance. This degree means that there is a major dissonance between the development of globalization and our need for globalization. Still citing Inger Kaur's opening point in The Way of Globalization, globalization is often associated with increased privatization, but, in its very nature, it is also associated with increased prominence. publicity. The disadvantages of globalization appear when the development of globalization is biased towards the private and not paying enough attention to the public. The emergence of anti-globalization will only make these drawbacks more serious. For example, once trade protectionism is implemented in several countries, it will trigger retaliatory measures among countries like a domino. Great Depression. According to the "2020 World Economic Situation and Prospects" released by the United Nations, the world economic growth has continued to slow down in recent years, and the world economy experienced the lowest growth in a decade in 2019 .

3-model: folk theorem in repeated games

Many scholars have carried out repeated experiments on the prisoner's dilemma and proposed a model of the repeated prisoner's dilemma. Completely different from the "dilemma" feature of the prisoner's dilemma, the repeated prisoner's dilemma is no longer a dilemma, but a "dissolution" of the dilemma. The general idea of the repetitive prisoner's dilemma is that long-term, persistent and frequent repetitive interactions in human society create conditions for cooperation. The repeated prisoner's dilemma theory was first proposed by Albert Chammah and Anatol Rapoport (1965), who used the repeated prisoner's dilemma theory to explore the boundaries of individual rationality, and then devoted in the cause of global peace. At about the same time as them, the Israeli mathematician Robert J. Aumann made an important insight that repetitive games can produce cooperative behavior even when players have strong short-term payoff conflicts. Orman won the Nobel Prize in Economics in 2005 for his work on game theory. Trivers (1971) used the repeated prisoner's dilemma for animal behavior analysis, and he was the first scholar to recognize the importance of the repeated prisoner's dilemma model in biology. It is proposed that cooperation arises from evolution. This view was independently advanced in the same year by the economist James Friedman (1971). It can be said that "cooperation is born of evolution" is a shared view born in the same year in two different fields of biology and economics. Because there are many scholars who put forward the opinion that "cooperation arises from evolution", and the crossover is wide, Orman even later called it "Polk Theorem". Hamilton (1981) formally proposed the repeated prisoner's dilemma game model as an extension of the prisoner's dilemma model.

Figure 1-2 shows the payoff matrix for the repeated prisoner's dilemma model. Assuming that Party A's investment in cooperation is c, so that Party B's income is b, and Party B's investment in cooperation is c, so that Party A's income is b. When both parties choose the co-operative strategy, everyone can get a net gain of b−c>0.

B

		C	D
A	C	(b−c, b−c)	(−c, b)
	D	(b, −c)	(0, 0)

Figure 1−2

It is assumed that there is a repeated interaction probability of δ for both sides of the game. After a number of game experiments, it has been proved that when δ>c/b, the cooperative strategy (C, C) will become an evolutionary stable strategy, that is, most players hold it for a long time. maintain strategy. This result constitutes a solution to the stable equilibrium strategy (D, D) of the Prisoner's Dilemma, indicating that as long as both players have the opportunity to repeat the game, they will continue to adjust their strategies from the last payoff and gradually give up zero−sum thinking.

Evolutionary game theory emphasizes that the environment for the subject to interact repeatedly is an important role in influencing the subject's behavior. A higher probability of repeated interaction δ means that the subject is more likely to adopt the " non−zero−sum" thinking of mutual benefit and altruism, form a cooperative relationship (C, C), and obtain positive−sum benefits. In contrast, it is difficult to form cooperative conditions with extremely low repeated interaction probability δ. In an alienated environment, due to the successive use

of non-cooperative strategies D among the agents, an adversarial rela-
tionship (D, D) is formed, and the agents´ return portfolio returns to
the state of inferior solution (0, 0). It is not difficult to explain why in
the tide of anti-globalization, a country´s trade protection behavior will
trigger retaliatory measures among countries like dominoes, and thus
the overall sustainable growth capacity of the global economy will be in-
hibited.

It may indeed be a talent of human beings to eat a cut and grow a
wisdom, but the display of this talent also requires certain conditions.
The solution of the prisoner´s dilemma by repeating the prisoner´s di-
lemma shows that only by giving human beings an open space for inter-
action can it be fully possible to jump out of the predicament.

3-solution: new-globalization[①] and open economy[②]

Globalization is irreversible. What globalization needs is not go-
ing backwards, but correcting deviations. China keenly observes the
world situation and proposes to build " a human community with a
shared future ", and use "new globalization" to counter "de-global-
ization" to correct the public nature of globalization. The so-called
"new globalization" means participation in a globalization that is more

---

① Xi Jinping. *On Building a Human Community with a Shared Future*[M].
Beijing:Central Compilation & Translation Press, 2019:402、406、419.

② Xi Jinping. *On Building a Human Community with a Shared Future*[M].
Beijing:Central Compilation & Translation Press, 2019:28、68、175、182、186、192、
195、200、223、259、284、293、297、356、402、450、486、511、514、516.

equal, development is more inclusive, and results are more shared. The development of globalization requires the supply of international public goods; the way of supplying international public goods should be a comprehensive response to fairness and justice. Because the lives of people in different countries are closely linked, "a community with a shared future" advocates that a community of interests, security, and responsibility should be interrelated to transcend the shackles of a community at the level of purely economic interests; because the development of globalization requires the supply of international public goods Therefore, "a human community with a shared future" issued the "Belt and Road" initiative to offset the negative effects of international public inferior goods with international public good products, that is, the external effects of one country´s production or consumption may have adverse effects on other countries; Beca use the supply of international public goods should be fair and just, "a human community with a shared future" follows the concept of righteousness and interests, putting righteousness first.

Adhering to irreversible globalization must go against the current, so China further proposes to build an open economy, which is a historical initiative to maintain normal international exchanges. From the Consumer Expo to the Service Trade Fair, from the Canton Fair to the China International Import Expo, one by one exhibitions form China´s opening matrix in the new era. On January 1, 2022, the Regional Comprehensive Economic Partnership (RCEP) came into effect, and the world´s largest free trade area officially set sail, marking China´s o-

Chapter Ⅰ   Observation and Proposition
"A Human Community of Shared Future" :Non-zero-sum Time

pening up from "commodity and factor-based opening" to "rules, reg-
ulation, management" , standards and other institutional openness".

Chapter II
Mechanism and Proposal

"A Human Community of

Shared Future":

Cooperation and Win-win

In this chapter, we will see that "Cooperation" is a key issue in game theory research. At the end of the last part, we learned that cooperative behavior is an evolutionary result of repeated games, but its evolutionary process is long and tortuous. As long as there are game subjects who maintain a zero—sum game thinking and adopt a non—cooperative strategy in a single game, it will trigger a chain reaction of suspicion, betrayal, and conflicting behaviors among game subjects, and reproduce the zero—sum dilemma. Therefore, in order to promote the formation of the cooperation mechanism, we also need some scheme designs with collective rationality. In cooperative game theory, this scheme design can be attributed to three main aspects, namely fair distribution, positive signals, and reasonable structure.

In this chapter, we will also see that "Cooperation" is the ideological core of "a human community with a shared future". Different from the kind of cooperation in the context of realism that gathers and disperses for profit, "a human community with a shared future" emphasizes win—win cooperation, which is "resisting the common enemy of human" and "enhancing the well-being of human". Both sides can co-operate fully and effectively, which requires a full response to current international cooperation issues. In this section, we will use three co-operative game models to explain from different perspectives the theoretical value and practical significance of "a human community with a shared future" in solving current international cooperation problems, which have been ignored by the international academic community for a long time.

4-domain: distribution in cooperation

In addition to economic globalization, the transformation of the main contradiction in today's world is also an important factor in generating the need for international cooperation. Qin Yaqing, a Chinese scholar, believes that in the era of peace and development, the contradiction between the insufficient governance capacity of the existing international system and the increasing demands of the global order is becoming more and more prominent, and the various contradictions derived from this contradiction are non-zero-sum. Characteristic, the basic solution to this kind of contradiction is not struggle but cooperation.

On the issue of distributive justice, Confucianism in China has long been reflected. Xunzi said: "How can people be grouped? Say: divide. How can divide be done? Say: righteousness. Therefore, if righteousness is divided, harmony is achieved." It is reflected in two levels: "Justice divides the group", which means that just distribution

can form the aggregation of people; "Justice divides the harmony",
which means that just distribution can form the growth of the group, the
so-called "harmony". However, how to achieve fair distribution? Co-
operative game theory has been studied in this regard. The deduction of
the "core" solution model reveals an important problem, that is, fair
distribution is essentially the distribution of the subject's "rights" be-
fore the cooperation occurs, rather than the distribution of "benefits"
after the cooperation occurs.

4-model: core

Under normal circumstances, game subjects have no objection to
cooperation, but have different preferences for fair distribution
schemes. Different preferences need to be reconciled through multiple
rounds of negotiation. If a common goal of maximizing value for oneself
and the other party and ultimately achievable through joint actions can
be formed in the negotiation, Pareto improvement. The negotiation is
terminated and the distribution plan is reached. The existence of Pareto
improvement suggests that the negotiation link between subjects on dis-
tributional issues may become a huge obstacle to cooperation, but this
obstacle is solvable.

The "core" solution model proves, the relationship between the
contribution of a party and the benefit The distribution plan that a-
chieves "weight balance" is the game equilibrium point on the Pareto
boundary. This equilibrium point can not only stabilize the cooperative
relationship, but also fully stimulate the potential of multiple parties to

contribute to improve the quality of cooperation and maximize overall interests.

Hypothesis: a cooperative game (N, v), where N is used to represent the set of players in the game, and it can also be used to represent the largest set including all players. S ⊆ N represents the subset in the game, and v represents the payoff. Achieving a partnership requires a "nuclear" solution:

Let $w(S)$ be the weight set ($0 \leq w(S) \leq 1$), a weight set is balanced if and only if

$$\sum w(S) = 1 \text{ (for any } S \subseteq N, i \in S)$$

An allocation scheme is fair if and only if for each balanced weight set.

$$\sum w(S)v(S) \leq v(N) \text{ (for any } S \subseteq N)$$

The "kernel" is a stable equilibrium solution, which means that neither an even distribution $w(S) = (1, 1, 1, \cdots)$ nor a discriminatory distribution $w(S) = (1, \cdots, 0, 1,)$ can be reached In cooperation, a fair distribution weight must be given according to the contribution value of each subject, and a stable cooperative relationship can be formed only by ensuring that each subject achieves a balance between the existing income and contribution, and the return and contribution of future income.

4-solution: a greater representation and say for emerging markets and developing countries[①]

In the context of a " a human community with a shared future" , China further gave a practical solution to a fair distribution plan: increasing the representation and voice of emerging market and developing countries. This representation and voice, especially, means that emerging market countries and developing countries obtain a fair distribution of power in global economic and financial organizations such as the International Monetary Fund and the World Bank that matches their contribution value. Only by allowing emerging market countries and developing countries to actively participate in the negotiation and formulation of world market rules, guide the transformation of the world market into cooperation, openness, win-win and integration, and stay away from confrontation, closure, zero-sum, Only the systemic damage of fragmentation can promote the approach of the world economy to the Pareto border.

Increasing the voice of developing countries and attaching importance to the representation of developing countries, especially the least developed countries, should also have a certain voice, which reflects the promotion of the rights of the weak and the restraint of the will of

---

① Xi Jinping. *On Building a Human Community with a Shared Future* [M]. Beijing; Central Compilation & Translation Press, 2019;7、68、148、152、196、235- 236、264、270、272、292、384、401、403、417、420、470、477、480-481、483-484、 489、491.

the strong. Only when countries become fair participants, contributors and beneficiaries in global development, and gradually break through the dual dilemma of the imbalance of international economic discourse power and the disorder of international political discourse power in global governance, can they build a country that can promote reasonable changes in the international governance system cooperation force. The "core" solution in the game leads to the conclusion of Pareto optimality, which proves that fair distribution is the necessary basis for realizing better redistribution. Therefore, power representatives in global and regional organizations should proceed from the overall situation and reality, and follow closely. The development demands of the times, constantly optimize the distribution mechanism, and move towards a new situation of win-win through mutual benefit.

5-domain: the uncertainty information or incomplete information in cooperation

A problem often faced by cooperating individuals is that the cooperating goal itself may be ambiguous and unobservable. Philosopher Bernard Williams (Bernard Williams) emphasizes the issue of "risk" in cooperation. "Risk" refers to the uncertainty of the outcome of cooperative actions, which also leads to the uncertainty of cooperative actions themselves. At the same time, he pointed out that actors are usually risk-averse in their actions, so cooperation is difficult to achieve in situations of uncertain outcomes.

"A Human Community of Shared Future" :Cooperation and Win—win

Realism and constructivism are two representative viewpoints in Western international cooperation theories to explain the cooperative behavior among states. So do they give a more satisfactory answer to the problem of cooperation in uncertain situations? not at all. Realism believes that the cooperative behavior between countries is automatically formed and dissipated in the face of interests. This view effectively abandons the explanation for the problem of cooperative behavior in the absence of a defined explicit benefit. This view not only dissolves the integrity of its own theory, but also exerts a non—good effect on the actual state behavior. Sexual cooperation or inter–state evasion in the face of "hidden interests" such as crisis management, have all been put on a rational coat. Constructivism takes a different approach to the interpretation of cooperative behavior, arguing that cooperative behavior is the product of ideas, not interests. According to winter, the representative of constructivism, the concept of cooperation is constructed from the identity of "partners" between countries. It's just that this kind of construction can only be established in Kantian cultural cognition. Again, this view is disappointing. The basic elements that affect contradictions and conflicts in the current international environment have not been ruled out. Kantian cultural cognition is like a distant U-topia, so the identity positioning of "partners" between countries and the formation of the concept of cooperation can only be a distant Utopia? Of course not, human society has never lacked the concept of cooperation, but lacked the mechanism to transform the subjective concept of cooperation into objective cooperative action.

In fact, the theoretical failure of realism and constructivism has a common cause, that is, too much obsession with the certainty of cooperation. Binding to the certainty of the interests of cooperation or the certainty of the concept makes the two theories lose the development space to explain the cooperative behavior under the condition of uncertainty. Fortunately, various philosophers and sociologists have paid a lot of attention to the problem of cooperation under conditions of uncertainty, such as "refusing to cooperate is only a stopgap for the uncertainty of whether others can cooperate". "There is no contradiction between lack of confidence to cooperate and motivation to cooperate". These points remind us that the key to understanding cooperation is not under certain conditions of certainty, but to discuss the possibility of cooperation under conditions of no guarantee of certainty.

Under non-deterministic conditions, since people do not have the ability to evaluate the benefits of all strategies, a low-cost approach is to compare all strategies with possible alternative strategies. The problem is that this comparison itself may also have invariant Certainty, as one still cannot tell exactly what strategy will prevail. Therefore, when people face the choice of cooperation or not, they hope to simplify the uncertainty or complexity from all aspects as much as possible through various ways. Some scholars have proposed a "trust" path to reduce the uncertainty of cooperation. German philosopher Georg Simmel put forward the view that "trust lies between knowing and not knowing". " Trust increases tolerance for uncertainty, and to simplify a future characterized by more or less uncertain complexity, one must trust" , "In relation to uncontrollable risks, trust acts as if the future is certain. Trust is based on personal speculation about how others will behave on some future occasions" . Gambetta, a professor of sociology at Oxford University, summarized various definitions of " trust" and pointed out that trust is an actor's assessment of the subjective level of probability that another actor or group of actors will engage in a particular action.

Trust is not just an actor's subjective concept, but is equal to the actor's subjective probability of evaluating the other party. This quanti-tative interpretation method has important implications. It means that uncertain cooperation does not equal cooperation that will not happen. This point of view naturally leads us to another path, the problem of the subjective probability of cooperation, and then the problem of how co-operation can be transformed from a subjective idea to an objective ac-tion in a situation of uncertainty. Contributions to moving this question forward come from the game theory community. Next, we will see how game theory gives more specific directions to this subjective probability and provides the necessary mechanism for the conversion of subjective probability to objective probability.

5-model: reputation-signal model

Expectation is an important concept used to express subjective probability in game theory, which refers to an estimation and evaluation of future conditions. The reputation expectation-signal model was pro-posed by Robert Sugden in 1986 , the basic idea is that under uncer-tain conditions Under , whether one party takes cooperative action depends on the expectation (subjective probability) of judging that the other party has a good reputation (high cooperative tendency). When this expectation is higher than the cost-benefit ratio of cooperation, one party will take cooperative action. This means that when the expectation reaches a certain value, it will be transformed from a subjective probability to an objective probability of taking cooperative action, the signal, which induces cooperation.

The model assumes that in large groups, there is a probability of δ to continue after each game, and an individual has a probability of ε to determine that the other party has a bad reputation. The cost of cooperation is c, and the benefit from cooperation is b. Since the probability that the other party cannot give his own benefit is ε, he can obtain the benefit of b with a probability of $1-\varepsilon$, and pay c. In a group, the expected value V_g of being in a good reputation is:

$$V_g = b(1-\varepsilon) - c + \delta(\varepsilon V_b + (1-\varepsilon) V_g)$$

This formula shows that the income of the first period is $b(1-\varepsilon) - c$, and if the subject repeats the interaction, the subsequent income is the weighted average of the income in the case of good reputation and bad reputation.

In a group, the expected value V_b of having a bad reputation is:

$$V_b = b\varepsilon(1-\varepsilon) - c + \delta(\varepsilon V_b + (1-\varepsilon) V_g)$$

Solve the above two equations simultaneously:

$$V_g = b(1-\varepsilon(1+\delta)) - c + b\delta\varepsilon 2(2-\varepsilon)/1-\delta$$
$$V_b = V_g - b(1-\varepsilon)2$$

As long as $V_g \geq b(1-\varepsilon) + \delta V_b$ is satisfied, cooperation is the best response. Substituting V_g and V_b into this formula, we get

$$b\delta(1-\varepsilon)(1+\delta(1-\varepsilon)2+\varepsilon2)/1+\delta \geq c$$

As long as the expectation of bad reputation is small, the direction of $\varepsilon2$ or higher will be so small that it can be ignored. Therefore, the above formula can be further simplified as:

$$b\delta(1-\varepsilon)>c$$

Since δ is extremely high in large populations, this formula can be further simplified as: $(1-\varepsilon)>c/b$. That is, as long as the probability that the other party has a good reputation (high cooperation tendency) is greater than the cost-benefit ratio, cooperation occurs, so Sarden calls it a signal of cooperation. By $(1-\varepsilon)>c/b$, the subjective probability $(1-\varepsilon)$ is transformed into an evaluation of the cost-benefit ratio, that is, the objective probability.

5-solution: communication and dialogue mechanism[1], consultation[2] and strategic mutual trust[3]

In the context of "a human community with a shared future ", strengthening the construction of dialogue mechanisms is an important

---

[1] Xi Jinping. *On Building a Human Community with a Shared Future*[M]. Beijing:Central Compilation & Translation Press, 2019:39、113、120、139、182.

[2] Xi Jinping. *On Building a Human Community with a Shared Future*[M]. Beijing:Central Compilation & Translation Press, 2019:241、242、254.

[3] Xi Jinping. *On Building a Human Community with a Shared Future*[M]. Beijing:Central Compilation & Translation Press, 2019:73、120、156、176、355、357、366、527.

way to promote the formation of cooperation.

China has always attached great importance to the role of language as a tool of communication in the practice of exchanges between countries. Historically, the practice of exchanges between two or more countries is not uncommon. In the era of peace and development, language has replaced war as the main diplomatic tool, but the use of language does not necessarily lead to cooperation for good. When the power of language cannot be fully utilized, suspicion and suspicion among countries and strategic misjudgment are inevitable. When the power of language cannot be used benignly, malicious slander among countries, and verbal attacks may make language a new weapon of violence. In order to achieve cooperation, countries need to continuously improve the tools of language, conduct regular and normalized language exchanges through dialogue mechanisms, and manage differences to achieve strategic mutual trust, so as not to escalate disputes into wars. China has always attached great importance to building a dialogue mechanism, and advocated that countries should strengthen dialogue and communication, especially equal and sincere dialogue to reach consensus and achieve cooperation. Take the " Strategic and Economic Dialogue" mechanism between China and the United States as an example, it does not seek to eliminate differences immediately. " In approaching disputes and differences between countries, we should be committed to finding peaceful solutions through dialogue and consultation. We should use dialogue to increase mutual trust, dialogue to settle disputes, and dialogue to promote security, and we cannot resort to force lightly or use the threat of force against one another". Among them, the characteristics of "seeking truth" are more prominent, which are reflected in two aspects: the first is the use of necessary practical tools, that is, the establishment of a dialogue mechanism, which is to manage and control differences, accurately communicate mutual cooperation intentions, and achieve strategic mutual trust without escalating disputes. A crucial step in the form of warfare. The second is that the content of partnership is not a priori, but becomes more and more concrete with practice and cooperative actions among countries. It can be said that the partnership under the design of the "a human community with a Shared Future" is not abstract, but concrete. It is a concrete practice for the purpose of cooperation. Ultimately, it will help countries to increase the space for hidden interests and increase future risks resilience.

6-domain: multi-unity contradiction in cooperation

Cooperation is the bond between at least two individuals, but this bond is not necessarily solidarity. Even though there are many forms of "allies" in today´s international society, proud allies may break the defense in an instant in the face of global public crises, leaving behind intractable governance deficits one by one. Finnish philosopher Raimo Tuomela divides cooperation into two modes: "we-mode" and "I-mode". He believes that "we-mode" cooperation a cooperation in the "full-blown" sense if and only if two or more actors share the same goal and act together for it. The essence of cooperation in the "I-model" is the private coordinated action of a certain actor in a certain situation. Even with a common goal, the "we-model" may disintegrate into multiple "I-model," a disintegration of cooperation.

The intuitive visual picture of "we-model" and "me-model" presents a fact that cannot be ignored, that is, the close cooperation relationship is also composed of countless individuals. Forming cooperation and optimizing cooperation are always faced with the contradition of "multi-unity", that is, how can countless "Is" form "we", and how can one "we" not be dispersed into countless "I".

6-model: spacial games and evolutionary graph theory

In the spatial game model (Ohtsuki, Hawert, Lieverman, and Nowak 2016), game subjects are assigned a certain position in the network structure, and a "neighborhood graph" structure is formed between game subjects. Assume that the average number of neighbors of the game subject is k, which also represents the degree in the network. It is still assumed that the cooperation cost is c and the cooperation benefit is b. When b/c>k, the number of cooperators will exceed the number of defectors, and cooperation becomes a strategy that is easy to spread. Several scholars have created a discipline called "evolutionary graph theory" because of their research on spatial game models, and found that different network structures can amplify or persist in the choice of cooperation. Amplifying network structures are usually star-shaped, while inhibitory network structures are usually hierarchically organized. These two network structures indicate that there is an optimal level of "structure" in the cooperation space. If the structure is too rigid or too loose, it may provide opportunities for defectors to exploit their partners. The fertile ground for cooperation exists between these extremes of solidification and loosening.

The spatial game model is reminding us of an important fact: structure is precisely a factor that plays an important role in the establishment of cooperative relationships, but is easily overlooked. An exclusive, closed, single, one-way "unilateral" structure is far less able to maintain its internal cooperative relationship for a long time than an inclusive, open, pluralistic, and multi – directional " multilateral " structure. It is not difficult to explain why in the international community, the values, norms and principles of multilateralism have been enshrined in the UN Charter, becoming the only universal statement of principles with constitutional value recognized worldwide.

6-solution: genuine multilateralism①

Multilateralism is a commonly used concept in the field of international relations. The academic circle of international relations generally believes that multilateralism is an institutional form that coordinates the relations between three or more countries according to the universal code of conduct. Multilateralism is a mode of behavior that is obviously

---

① Xi Jinping. *On Building a Human Community with a Shared Future*[M]. Beijing:Central Compilation & Translation Press, 2019:109、265、280、286、383、420、438、478、482、491、510、536.

different from group politics. It advocates that cooperation between countries is not aimed at cooperation against other countries, and that the promotion of the interests of some countries is not at the expense of the interests of other countries. Multilateral cooperation brings about incremental benefits between countries, rather than transfer of benefits.

Today, multilateralism has gone into two diametrically opposite tracks. One is pseudo – multilateralism that uses multilateralism as a guise and engages in small circle politics, and the other is real multilateralism. Why has multilateralism, which was originally designed to promote cooperation and enhance overall interests, become a tool for some major powers to carry out strategic competition and realize their own unilateral interests? Where is the problem? Let us return for a moment to the core of multilateralism, which is about " coordination among three or more countries". Recalling the explanation of the space game model in the previous section, there is an optimal level of " structure" in the cooperation space. Too solid or too loose is not conducive to the formation of cooperation and the increase of overall interests. Returning to the definition of multilateralism, we can find such a loophole, that is, the definition only specifies the number of countries, but not the structure of this amount. What is the structure of 3 or more countries to establish and coordinate their affairs with each other? Is it a structure that allows a central point (mastermind)? Is it a structure that strictly demarcates borders and does not allow other countries to enter? So far, we have not found an official clear specification. It is the existence of this loophole that gives some countries an opportunity to use the international impetus and legitimacy value of multilateralism to engage in pseudo – multilateralism, promote bloc politics, crowd out and isolate competitors. Multilateralism without rational structural support can easily slip into the abyss of unilateralism.

"A community with a Shared Future" promotes genuine multilateralism and adheres to the bottom line of equality. Restoring power from the inside to the outside of the multilateralism to the "plurality–unity" balanced development path.

Equality means expanded cooperation. According to the interpretation of the spatial game, a structure with egalitarian characteristics, such as a star structure, can maximize the spread of cooperative behavior. In contrast, hierarchies are structurally damaging to the formation of partnerships. Concerning the dangers of hierarchy, there has actually been concern in the "Non–Aligned Movement" of the last century. The Non – Aligned Movement started in 1961. Indonesian President Sukarno will arrive at the first meeting of the Non – Aligned Countries and Governments Summit. Alliance seems to be a form of cooperation, but it is often accompanied by confrontation, because allies are often formed to fight against a common enemy united. Alliances form a central and top–down hierarchy, both internally and externally, with unequal characteristics. In this structure, multiple countries shrink into several camps, creating confrontational tensions. In contrast, "non–alignment" advocates the establishment of an equal joint structure and a non–confrontational form of cooperation. Although the Non – Aligned Movement has existed for many years, the few developed countries that benefited from the old international order still use zero-sum thinking and pursue alliances in various names. As a result, the actions of "alignment" are staggered in the "Non-Aligned Movement", and this chaotic situation can only end when the new historical energy is released. What kind of scene is this? It is a scene in which China implements the concept of "a community with a shared future" with its actions. Partnership but non-alignment is the supporting structure of the "a human community of shared future". With the practice of the "Belt and Road", the emergence and operation of the AIIB, the New Development Bank, more cooperative units that meet the characteristics of "equal alliance" have entered the stage of the times, exercising the "non-aligned" reality and cooperation. Showing a state of "unevenness" changes the logic of the world. The "Non-Aligned Movement" has a more and more realistic basis. "On the premise of adhering to the principle of non-alignment, we must make friends widely and form a partnership network all over the world", "Resolutely safeguarding the authority and status of the United Nations is the only correct way to practice genuine multilateralism". Thinking of "genuine multilateralism" in this context will reveal that the "Non-Aligned Movement" actually provides a very important structural support for multilateralism.

Equality means respect for diversity. China emphasizes inclusive multilateralism and advocates the concept of extensive consultation, joint contribution and shared benefits. China's dialectical wisdom in dealing with the issue of pluralistic unity is reflected in the word "common". Solidarity is the inner aspiration of the community, and the way to shape solidarity affects the growth of the entire community. For some particularist communities in the West, they are accustomed to using simplification in the shaping of unity that is conducive to solidarity, and simplification means a lot of homogeneity and a minimum of diversity . This squeeze on diversity also squeezes members autonomous space and legitimate needs, thereby creating a repulsive and divisive force within the community rather than a convergent and inclusive one. Force, it will not be conducive to the stable formation and lasting development of any form of community. True cooperation means that the members of the community make a high degree of commitment, indicating that they are united by their own will, rather than being forced to unite in fear of external requirements. This commitment is premised on the recognition of member autonomy. Acknowledging autonomy also means respecting diversity and difference. In modern society, this is more likely to foster unity and maintain harmony and stability. It is in recognition of this that the concept of a human community of shared future tends to regard diversity as a fundamental feature of human society, arguing that diversity does not necessarily endanger unity or hinder cooperation, but can be transformed into a driving force for development and vitality. Like-minded partners are partners, and seeking common ground while reserving differences is also partners. Focusing on the long-term development of the overall interests of mankind, China uses dialectical wisdom in the context of a " a human community of shared future" , uses contradictions to resolve contradictions, and achieves synergy and unity on the basis of maintaining diversity and diversity, thus forming a genuine multilateralism.

159

Chapter III
Experience and Confidence

China´s experience and recognition in fostering awareness of " a Community with a Shared Future for Mankind ". From China´s initial proposal to the world´s concerted effort in jointly building, the vision of "a Community with a Shared Future for Mankind" has emerged as a fundamental trend spanning time and space. Global collaboration necessitates a foundation of universal agreement, which in turn is predicated upon a shared understanding of the world. In the previous chapters, we addressed the logical and practical understanding of " a Community with a Shared Future for Mankind", drawing upon Chinese wisdom and solutions. Next, we need to address the belief in this vision— how to instill faith in it worldwide and demonstrate that China has consistently been committed to this ideal.

In order to better disseminate this book´s message, it is necessary to translate its key concepts into English. In the following section, we will present the pivotal concepts elaborated in the book, adopting a parallel approach of Chinese and English expressions to facilitate comprehension. It´s worth noting that, for clarity and accessibility, multiple interpretations of certain key ideas will be offered in various English translations.

1. 和平发展 peaceful development

2. 和平共处五项原则 The Five Principles of Peaceful Coexistence

3. "一带一路"倡议 The Belt and Road Initiative

4. 共享发展理念 the concept of inclusive development

5. 和合文化 the culture of harmony

6. 和而不同 harmony in diversity

7. 以和为贵 regard peace as the most precious

8. 协和万邦 peace among all nations

9. 一荣俱荣,一损俱损

All countries should be aware of the commonality of our destinies, genuinely recognizing the linkage effect which determines that when one benefits all benefit and when one suffers all suffer.

10. 损人利己

We will not tread on others to benefit ourselves or shift our problems onto others. ①

11. 不能停留在零和博弈的旧框框里零和博弈

If we are to move with the times, we cannot live in the 21st century in body but in the past in mind, stuck in a bygone era of colonial expansion, stuck in an old framework based on a Cold war mentality or

① Xi Jinping. On Building a Human Community with a Shared Future[M]. Beijing:Central Compilation & Translation Press, 2019:3.

the zero-sum game theory. [1]

12. 世界不是相互角力的竞技场

The world is not an amphitheater for clashes of might. [2]

13. 不能为一己之私把一个地区乃至世界搞得混乱

We cannot have one place acting with selfish motives and causing chaos for a region or even the rest of the world. [3]

14. 增长联动,利益交融

Balanced growth is not a zero-sum game where growth shifts from one country to another, but growth which begets wellbeing shared by all countries. [4]

We need to practice a spirit of openness, inclusiveness, and cooperation for mutual benefit. We cannot go treading on each other's toes with uncoordinated efforts or even cancelling out each other's efforts. [5]

15. 合作共赢

We should champion a new vision of bilateral, multilateral, and

①　Xi Jinping. *On Building a Human Community with a Shared Future*[M]. Beijing:Central Compilation & Translation Press, 2019:8.

②　Xi Jinping. *On Building a Human Community with a Shared Future*[M]. Beijing:Central Compilation & Translation Press, 2019:33.

③　Xi Jinping. *On Building a Human Community with a Shared Future*[M]. Beijing:Central Compilation & Translation Press, 2019:33.

④　Xi Jinping. *On Building a Human Community with a Shared Future*[M]. Beijing:Central Compilation & Translation Press, 2019:42.

⑤　Xi Jinping. *On Building a Human Community with a Shared Future*[M]. Beijing:Central Compilation & Translation Press, 2019:62.

universal win-win outcomes, and abandon the old notion of zero-sum games and the winner taking all.

China, in its cooperation with other developing countries, will be committed to the right approach to justice and the pursuit of interests, will not subscribe to a zero-sum approach, and, in relation to specifice projects, will give particular consideration to the interests of its counterparts.

We need to promote win-win cooperation. Win-win cooperation should become every country's basic policy pregerence in handling international affairs. Win-win cooperation is a broadly applicable principle that can apply not only to economics, but to politics, security, culture, and other fields. [1]

16. 变赢者通吃为各方共赢

We should replace the "winner-take-all" mentality with an approach in which everybody wins. [2]

We should cast aside the old zero-sum, winner-take-all mentality and instead of within ourselves the idea that there are no winners and losers and that everyone can benefit. While pursuing our own interests, we should give consideration to the interests of others, and use our own

---

[1]　Xi Jinping. *On Building a Human Community with a Shared Future*[M]. Beijing：Central Compilation & Translation Press，2019：162.

[2]　Xi Jinping. *On Building a Human Community with a Shared Future*[M]. Beijing：Central Compilation & Translation Press，2019：182.

development to spur the development of the group. ①

We must pursue cooperation not confrontation, and mutually bene-ficial outcomes not one-sided vistories. ②

17. 摆脱弱肉强食的丛林法则

The law of the jungle where the strong prey on the weak and zero-sum games of "I win, you lose" have no palce in this era. ③

18. 不要以邻为壑

With our security interests now inextricably linked, we must aban-don such narrow-minded ideas as putting oneself above all else, bene-fitting at the expense of others, and passing the buck to one's neigh-bors. ④

Becoming consumed with self-importance or thinking only of one's own interests will not get anyone anyther. Only peaceful development and cooperation can truly bring win - win and multiple - win outcomes. ⑤

---

①   Xi Jinping. *On Building a Human Community with a Shared Future*[M].
Beijing:Central Compilation & Translation Press, 2019:215.

②   Xi Jinping. *On Building a Human Community with a Shared Future*[M].
Beijing:Central Compilation & Translation Press, 2019:398.

③   Xi Jinping. *On Building a Human Community with a Shared Future*[M].
Beijing:Central Compilation & Translation Press, 2019:477.

④   Xi Jinping. *On Building a Human Community with a Shared Future*[M].
Beijing:Central Compilation & Translation Press, 2019:498.

⑤   Xi Jinping. *On Building a Human Community with a Shared Future*[M].
Beijing:Central Compilation & Translation Press, 2019:533.

参考文献

1. 习近平. 论坚持推动构建人类命运共同体[M]. 北京：中央文献出版社. 2018.

2. 习近平. 高举中国特色社会主义伟大旗帜为全面建设社会主义现代化国家而团结奋斗——在中国共产党第二十次全国代表大会上的报告[M]. 北京：人民出版社，2022.

3. 国务院新闻办公室. 新时代的世界与中国白皮书[M]. 北京：人民出版社，2019.09.

4. 外交部政策规划司. 以习近平外交思想为指引深入推进中国特色多边主义[N]. 学习时报. 2019-10-25.

5. 王毅. 坚持正确义利观　积极发挥负责任大国作用[N]. 人民日报，2013-09-10(007).

6. 钱穆. 中国文化史导论[M]. 上海：上海三联书店，1988.

7. 中共中央马克思恩格斯列宁斯大林著作编译局编. 马克思恩格斯选集(第一卷)[M]. 北京：人民出版社，1995.

8. [美]列奥·施特劳斯，约瑟夫·克罗波西. 政治哲学史[M]. 李天然，等译. 石家庄：河北人民出版社，1993.

9. 中共中央马克思恩格斯列宁斯大林著作编译局编. 马克思

恩格斯文集(第一卷)[M].北京:人民出版社,2009.

10.[美]亚历山大·温特.国际政治的社会理论[M].秦亚青译.上海:上海人民出版社, 2000.

11.[日]星野昭吉.全球政治学:全球化进程中的变动、冲突、治理与和平[M].刘小林,张胜军译.北京:新华出版社, 2000.

12.[古希腊]亚里士多德.尼各马可伦理学[M].廖申白译注.北京:商务印书馆, 2003.

13.[英]齐格蒙特·鲍曼.共同体:在一个不确定的世界中寻找安全[M].欧阳景根译.南京:江苏人民出版社,2003.

14.[美]罗伯特·赖特.非零年代:人类命运的逻辑[M].李淑珺译.上海:上海人民出版社,2003.

15.[德]尼克拉斯·卢曼.信任:一个社会复杂性的简化机制[M].翟铁鹏,李强译.上海:上海人民出版社,2005.

16.[波兰]彼得·什托姆普卡.信任:一种社会学理论[M].程胜利译.北京:中华书局,2005.

17.[美]英吉·考尔等编,联合国开发计划署发展研究中心组织编写.全球化之道——全球公共产品的提供与管理[M].张春波,高静译.北京:人民出版社, 2006.

18.[美]罗伯特·阿克塞尔罗德.合作的进化[M].吴坚忠译.上海:上海人民出版社,2007.

19.费孝通.费孝通全集·第14卷,1992~1994[M].呼和浩特:内蒙古人民出版社, 2009.

20.[美]阿维纳什·迪克西特,苏珊·斯克丝.策略博弈:第2版[M].蒲勇健,等译.北京:中国人民大学出版社,2009.

21.潘天群.合作之道:博弈中的共赢方法论[M].北京:北京

大学出版社,2010.

22.秦亚青. 大国关系与中国外交[M]. 北京:世界知识出版社, 2011.

23.[美]约瑟夫·E.斯蒂格利茨. 让全球化造福全球[M].雷达,朱丹,李有根译.北京:中国人民大学出版社, 2011.

24.[美]亚历山大·温特.国际政治的社会理论[M].秦亚青译.上海:上海人民出版社,2008.

25.[美]亨利·基辛格. 大外交[M]. 顾淑馨,林添贵译. 海口:海南出版社,2012.

26.[美]尼古拉斯·克里斯塔基斯,詹姆斯·富勒.大连接:社会网络是如何形成的以及对人类现实行为的影响[M].简学译.北京:中国人民大学出版社, 2013.

27."中国发展道路中的价值理念及国际传播研究"课题组秘书处编.中国道路与国家形象[M]. 北京:中国人民大学出版社, 2013.

28.张维迎. 博弈与社会[M].北京:北京大学出版社,2013.

29.卢永欣.语言维度的意识形态分析[M].北京:社会科学文献出版社,2013.

30.[法]托马斯·皮凯蒂. 21世纪资本论[M].巴曙松,陈剑,余江,等译.北京:中信出版社,2014.

31.[加]伊曼纽尔·阿德勒,文森特·波略特. 国际实践[M].秦亚青,孙吉胜,魏玲,等译.上海:上海人民出版社,2015.

32.[美]塞缪尔·鲍尔斯,赫伯特·金迪斯. 合作的物种:人类的互惠性及其演化[M].张弘译.杭州:浙江大学出版社, 2015.

33.潘天群. 博弈论与社会科学方法论[M]. 南京:南京大学

出版社，2015．

34．赵汀阳．天下的当代性：世界秩序的实践与想象[M]．北京：中信出版社，2016．

35．陈岳，蒲俜．构建人类命运共同体（外交卷）[M]．北京：中国人民大学出版社，2017．

36．刘建飞．引领：推动构建人类命运共同体[M]．北京：中共中央党校出版社，2018．

37．[美]马丁·诺瓦克，罗杰·海菲尔德．超级合作者[M]．龙志勇，魏薇译．杭州：浙江人民出版社，2013．

38．[美]彼得·卡赞斯坦，罗伯特·基欧汉，斯蒂芬·克拉斯纳．世界政治理论的探索与争鸣[M]．秦亚青，等译．上海：上海人民出版社，2018．

39．何英．大国外交："人类命运共同体"解读[M]．上海：上海大学出版社，2019．

40．联合国经济和社会事务部，联合国贸易和发展会议和联合国五大区域委员会．2020年世界经济形势与展望（中文版）[R]．纽约：联合国经济和社会事务部，2020．

41．刘同舫．马克思人类解放思想论[M]．北京：人民出版社，2022．

42．[荷]西佩·斯图尔曼．发明人类：平等与文化差异的全球观念史[M]．许如双译．桂林：广西师范大学出版社，2022．

43．史卫．"善"为少米之炊 中国古代的公共福利体系[J]．人民论坛，2013，（31）：78-80．

44．谢惠媛．创新与超越：人类命运共同体对"团结悖论"的破解[J]．马克思主义与现实，2019（05）：178-183．

45. 尉洪池. 博弈论与语言游戏——国际关系研究中两种游戏理论之比较［J］. 外交评论（外交学院学报），2013，30（01）：126-138.

46. 徐长春. 全球治理博弈视角下的"一带一路"［J］. 复旦国际关系评论，2015，（01）：53-64.

47. 陈建先. 博弈理论框架：一个理论体系的建构［J］. 重庆理工大学学报（社会科学），2018，32（01）：88-95.

48. 周天勇. 人类命运共同体与"一带一路"供给品安排——一个经济学视角的分析和阐释［J］. 经济研究参考，2018，（37）：3-17.

49. 朱玲玲，蒋正翔. 人类命运共同体的理论阐释与国际传播［J］. 党政研究，2019（01）：11-19.

50. 赵思洋. 周边需求的视角：古代东亚体系中的区域公共产品［J］. 当代亚太，2019，（02）：41-66、156-157.

51. 张贵洪. 联合国与联合国学［J］. 国际政治研究，2020，41（04）：9-25.

52. 殷文贵. 动机·前景·理路：人类命运共同体理念的国外认知与评价［J］. 云南民族大学学报（哲学社会科学版），2020，37（02）：19-27.

53. 金天栋，任晓. "人类命运共同体"国际传播的"共通的意义空间"研究［J］. 社会科学，2021（02）：32-46.

54. 招春袖，胡文涛. 人类命运共同体与国际共有观念建构——基于传播策略分析［J］. 对外传播，2021（08）：52-56.

55. 王义桅，江洋. 西方误解人类命运共同体的三维分析：利益、体系与思维——兼论人类命运共同体的构建之道［J］. 东南学术，2022（03）：44-52.

56. 王文. 人类命运共同体理念十年演进及未来展望[J]. 中央社会主义学院学报,2023,(02):150-160.

57. 侯静婕. 在马克思主义实践观中推进学史力行[N]. 天津日报, 2022-1-7.

58. 侯静婕. 把握物质文明与精神文明相协调现代化的基本观点[N]. 天津日报, 2023-6-26.

59. 侯静婕. 现代化进程中"共同体"的概念内涵和实现路径分析——基于合作博弈逻辑的视角[J]. 理论与现代化,2018(02):28-35.

60. 侯静婕,王左立. 博弈论语义学量词逻辑语义解释理论的方法论[J]. 贵州民族大学学报(哲学社会科学版),2018(01):130-141.

61. 侯静婕. 博弈论语义学真值解释方法的特征及其对不确定真值解释的适应性研究[J]. 科学·经济·社会,2018,36(02):26-32.

62. 侯静婕. 思政教育视阈下《新时代的中国青年》白皮书的隐喻研究[J]. 天津电大学报,2023,27(02):17-23.

63. Xi Jinping. *On Building a Human Community with a Shared Future*[M]. Beijing:Central Compilation & Translation Press, 2019.

64. Andrew Linhlater. *Critical Theory and World Politics*[M]. New York:Taylor&Francis Group 2011.

65. Axelrod, Robert and William D. Hamilton, The Evolution of Cooperation [J]. *Science*, *New Series*,1981:1390-1396.

66. Clive Archer, *International Organizations*. [M]. London:Routledge. 2001.

67. Debreu, G. and Scarf, H. A Limit Theorem on the Core of an Economy[J]. *International Economic Review*, 1963, 4(03):235-246.

68. Harold W. Kuhn. *Classics in Game Theory* [M]. Princeton: Princeton University Press, 1997.

69. Fabio Marcelli. A Shared Future of Mankind: A New Concept and its Paramount Pedagogical Importance [J]. *International Conference on Pedagogy, Communication and Sociology, Advances in Social Science, Education and Humanities Research*, 2020, 315.

70. Fehr. E. , Gachter, S. Altruistic Punishment in Human[J]. *Nature*, 2002, 415:137-140.

71. Fehr, E, Fishbacher, U. The Nature of Human Altruism[J]. *Nature*, 2003:425.

72. Gambetta, D. Can we trust trust? [A], *In Gamberra, Diego* (*ed.*) *Trust: Making and Breaking in Cooperative Relation* [C]. Electronic edition, Department of Sociology, University of Oxford, 2000, 213-237.

73. Friedman, J. W. , A Non-cooperative Equilibrinm for Snpergames[J]. *Revriew of Economic Studies*, 1971:61-74.

74. Groom, A. J. R. and Dominic Powell. *Form World Politics to Global Governace-A Theme in Need of a Focus* [C]. Contemporary International Relations: A Guide to Theory. London: Pinter. 1994.

75. Hardin, R. Collective Action as an Agreeable N-prisoners' Dilemma[J]. *Behavioral Science*, 1971, (16):472-481.

76. Kreps, D. , Milgrom, P. , Roberts, J. , Wilson, R. Rational Cooperation in the Finitely Repeated Prisoners Dilemma[J]. *Journal*

of Economic Theory 1982, (27): 245-252.

77. Martin Albrow. *China's Role in a Shared Human Future* [M]. Beijing: New World Press, 2018.

78. Maschler, Michael, Bezalel Peleg, and Lloyd S. Shapley. The Kernel and Bargaining Set for Convex Games [J]. *International Journal of Game Theory* 1971, 1 (01): 73-93.

79. Myerson, R. B. Graphs and Cooperation in Games [J]. *Mathematics of Operations Research*, 1977: 225-229.

80. Nash J F. Equilibrium Points in N-person Games [J]. *Proceedings of the National Academy of Sciences of the United States of America*, 1950, 36 (01): 48.

81. Ohtsuki H, Nowak M A. The Replicator Equation on Graphs [J]. *Journal of Theoretical Biology*, 2006, 243 (01): 86-97.

82. Ohtsuki, H., C. Hauert, E. Lieberman, and M. A. Nowak. A Simple Rule for the Evolution of Cooperation on Graphs and Social Networks [J]. *Nature*, 2006, 441: 502-505.

83. Ostrom, E. *Understanding Institutional Diversity* [M]. Princeton: Princeton University Press, 2005.

84. Ostrom, E., Janssen, M. A., Anderies, J. M. Going beyond panaceas [J]. *Proceedings of the National Academy of Sciences*, 2007, 104 (39): 15176-15178.

85. Ostrom, E. A Behavioral Approach to the Rational Choice Theory of Collective Action: Presidential Address, American Political Science Association, 1997 [J]. *The American Political Science Review*, 1998, 92 (01): 1-22.

86. Rapoport A. , Chammah A. . Prisoner's Dilemma: A Study in Conflict and Cooperation[J]. *Ann. Arbor*, 1965.

87. Robert Axelrod. *The Evolution of Cooperation: Revised Edition* [M]. New York: Basic Books, 2006.

88. Robert Sugden. *The Economics of Rights, Co-operation and Welfare*[M]. London: Palgrave Macmillan, 2005.

89. Samuelson, Paul A . The Transfer Problem and Transport Costs [J]. *The Economic Journal*, 1954.

90. Selten, Reinhard, ed. *Rational Interaction: Essays in Honor of John C. Harsanyi* [M]. New York: Springer Science & Business Media, 2013.

91. Sen, A. Rational Fools: A Critique of the Behavioral Foundations of Economic Theory[J]. *Philosophy and Public Affairs*, 1977, 6 (04): 317-344.

92. Shapley, Lloyd S. A Value for N-person Games[J]. *Contributions to the Theory of Games*, 1953, 2(28): 307-317.

93. Shapley, Lloyd S. Stochastic Games[J]. *Proceedings of the National Academy of sciences* , 1953, 39(10): 1095-1100.

94. Theodre Levitt. The Globalization of Markets [J]. *Harvard Business Review*, 1983, 61(03): 92.

95. Trivers. The Evolution of Reciprocal Altruism[J]. *Quarterly Review of Bidogy*, 1971, 46(01): 35-37.

96. Tumela, R. *Cooperation: A Philosohpical Study* [M]. Dordrecht, Boston: Kluwer Academy Publishers, 2000.

97. Branzei, Rodica, Dinko Dimitrov, and Stef Tijs. *Models in*

Cooperative Game Theory［M］. Vol. 556. Springer Science & Business Media, 2008.

98. Rasmusen, Eric, and Basil Blackwell. *Games and Information* ［M］. Cambridge, 1994.

99. Williams, B. Formal Structures and social Reality［A］. *In Gambetta Diego (ed.) Trust: Making and Breaking Cooperative Relations*［C］. Department of Sociology, University of Oxford, 2000:3-13.

100. Xinhua: China Offers Key Strategy for Tackling Challenges in New Globalization Era［EB/OL］. (2019-01-21). http://www. xinhuanet. com/english/2019-01/21/c_137762187. htm.

附 录
博弈论基本知识说明

本书涉及的博弈论中一般概念的说明和辨析

从博弈论的发展历史中可以看出,博弈结果是非零和的合作博弈理论,是在零和的竞争博弈理论基础上发展的。在这两种理论中,一些基本概念和关于信息类型的定义是一致的,本节关于这部分基本知识的介绍引自 Rasmusen(1994)①。关于合作博弈模型的介绍主要引自 Branzei, Dimitrov&Tijs(2008)②。

一个博弈中基本的要素包括:参与人(players)、行动(actions)、支付(payoffs)和信息(information)——简写为 PAPI。参与人、行动、支付和信息合起来称为博弈规则(rules of the game),建模者的目的即在于根据博弈规则描述一种情形,以便可以解释在此情形下将要发生什么。如博弈论与决策论的区别,博弈论模型不涉及

---

① Rasmusen, Eric, and Basil Blackwell. *Games and Information* [M]. *Cambridge*, *MA* 15 (1994).

② Branzei, Rodica, Dinko Dimitrov, and Stef Tijs. Models in Cooperative Game Theory. Vol. 556. *Springer Science & Business Media*, 2008.

对环境参数的研究,它聚焦于参与人,即作出决策的个体。每个参与人的目标都是通过选择行动和策略来最大化自身的效用。策略(strategies)指的是参与人为了最大化自己的支付,设计出的一份关于根据每个时点得到的信息,应该作出何种行动的计划。在策略的基础上,每一个参与人选择的策略的组合构成均衡(equilibrium)。给定一个均衡,从中得出的来自所有参与人的计划组合的各种行动被称为结果(outcome)。为了便于分析,建模者有时会在博弈模型中引入的一种以纯机械的方式来采取行动的特殊个体,虚拟参与人(pseudo-players)。自然(nature)是虚拟参与人的一种,它在博弈的特地时点上以特定的概率随机选择行动。

附录表1　博弈论基本概念的说明

博弈模型中基本元素释义	
参与人 i 的行动(action) a_i	参与人所能作的某一个选择
参与人 i 的行动集(action set) $A_i = \{a_i\}$	参与人可以采用的全部行动的集合
行动组合(action profile) $a = (a_1, \cdots, a_n)$	一个由博弈中的 n 个参与人每人选取一个行动所组成的有序集
参与人的支付 $v_i(s_1, \ldots, s_n)$	在所有的参与人和自然都选择了各自策略且博弈已经完成之后,参与人 i 获得的效用
参与人 i 的策略(strategy) s_i	给定参与人的信息集,策略决定在博弈的每一个时点他选择何种行动
参与人 i 的策略集(strategy set)或策略空间(strategy space) $S_i = \{s_i\}$	参与人可行策略的集合

博弈模型中基本元素释义	
策略组合(strategy profile) $s = (s_1, \cdots, s_n)$	由博弈的 n 个参与人每人选择一个策略所组成的一个有序集
均衡(equilibrium) $s* = (s_1*, \cdots, s_n*)$	由博弈中的 n 个参与人每人选取的最佳策略作组成的一个策略组合
均衡策略(equilibrium strategies)	参与人在最大化各自支付时所选取的策略
解的概念(solution concept $F: \{S_1, \cdots S_n, \pi_1, \cdots, \pi_n\}$ →$s*$	用来定义基于可能策略组合与支付函数之上的均衡的规则。仅仅规定参与人、策略与支付还不足以找到均衡,因为建模者还必须决定"最优策略"到底代表什么意思。这一点是通过定义一个均衡解概念来实现的。
弱占劣策略(weakly dominated strategy)	若存在 s_i'',对任意 s_{-i},使得 $\pi_i(s_i'', s_{-i}) \geq \pi_i(s_i', s_{-i})$;且对某一 s_{-i},$\pi_i(s_i'', s_{-i}) > \pi_i(s_i', s_{-i})$,则称 s_i' 弱占劣
弱占优策略(weakly dominant strategy)	若存在 s_i'',对任意 s_{-i},使得 $\pi_i(s_i'', s_{-i}) \leq \pi_i(s_i', s_{-i})$;且对某一 s_{-i},$\pi_i(s_i'', s_{-i}) < \pi_i(s_i', s_{-i})$,则称 s_i' 弱占优
弱占优策略均衡(weak - dominance equilibrium)	剔除了每个参与人的全部弱占劣策略后得到的一个策略组合

续表

博弈模型中基本元素释义	
重复剔除占优策略均衡 (itertated dominance equilibrium)	首先从某一个参与人的策略集里剔除一个弱占劣策略,再重新考察各个参与人剩下的策略中哪些是弱占劣的并剔除其中之一,继续这一过程直到每个参与人都仅剩一个策略,由此得到的策略组合
纳什均衡(Nash equilibrium)	在每一个策略组合 s * 中,在其他参与人都不会改变已有策略条件下,如果没有参与人有意愿去改变自身的策略,则称 s * 为纳什均衡
策略式(strategic form)	将策略组合与支付联系起来的博弈描述方式 (1)全部可能地策略组合 s_1,s_2,$\cdots$,s_p (2)由 s_i 映射到 n 维支付向量 π_i(i = 1,2,$\cdots$,p)上到支付函数
博弈顺序(order of play)	博弈主体选择策略的顺序,它既涉及同一个博弈主体选择策略的顺序,也涉及不同博弈主体交替选择策略的顺序
博弈树(game tree)	描述博弈行动的顺序的方法
结(node)	在博弈中某一参与人或自然采取行动的时点,或者博弈结束的时点
枝(branch)	一个特定结上某一参与人的行动集中的一个行动
路径(path)	从起始到终点由结和枝所组成的系列
后继结(predecessor)	在某一个结到达之后出现的结
前继结(successor)	在某一个结到达之前一定会出现的结
起始结(starting node)	没有前继结的结

续表

博弈模型中基本元素释义	
终止结（end node）	没有后继结的结
扩展式（extensive form）	1. 由结和枝所组成的整体结构,即由单个起始结开始直至终点结,中间无闭合对圈; 2. 有对哪个结属于哪个参与人的说明; 3. 在自然作选择的结上,有自然选择不同枝的概率; 4. 有划分每个参与人的结的信息集; 5. 在每一个终点结上都有对每一个参与人的支付
信息	
信息集（information set）	在博弈树中,参与人认为博弈可能已到达的结的集合,参与人 i 靠直接观察是无法加以区分的
公共知识（common knowledge）	被一个博弈中所有参与人所知晓的信息
完美（perfect）	每个信息集都是单结的
确定（certain）	自然不在任一参与人行动之后行动
对称（symmetric）	没有参与人在行动时或在终点结处有与其他参与人不同的信息
完全（complete）	对其他参与人的特征、策略空间及收益函数信息了解的不够准确,或者不是对所有参与人的特征、策略空间及收益函数都有准确的准确信息

特别说明:

1. 均衡（equilibrium）:博弈论中所理解的均衡与在经济学的其他领域中所理解的均衡不同。经济学中的"均衡"在博弈论中实际上被称为均衡结果(equilibrium outcome)，而博弈论中的"均衡"指的则是产生这一结果的策略组合。

2. 自然(Nature)：在很多将博弈论应用于量词语义研究的理论中，偏向于在存在量词主体和全称量词主体之外引入第三个主体(Nature)来运行随机概率。这样的作法是受博弈论启发。但是，当逻辑语句内部的随机性来源于存在量词和全称量词之间的独立关系时，这种作法并不合适。因为，在博弈论中，自然是在博弈模型以及其中的参与主体已经确定的情况下，由分析者为了方便起见而引入的外部主体，这种博弈主体以纯机械的方式在博弈中发挥作用。如果博弈中的随机性来源于博弈内部主体的互动过程，那么这种随机性不适宜通过引入自然来表达。

3. 策略(strategy)的概念十分有用。因为参与人希望采取的行动经常依赖于自然和其他参与人过去所采取的行动。我们只有在极少的时候才能无条件地预测参与人的行动，但通常我们能够预测参与人应对外部世界的策略。参与人的策略是一个关于其行动程序的完备集合，它告诉参与人在每一种可预见的情况下选择什么行动，即使参与人并不预期那种情况真的会出现。为预测一个博弈的结果，建模者应该加倍关注可能的策略组合，因为正是不同参与人的策略之间的相互作用决定了什么情况将会发生，参与人应如何最理性地选择一个或多个策略组合以最大化他们的支付。在这里需要注意的是，我们不能混淆策略(strategy)和行动(action)。

4. 支付函数的线性性质：A 和 B 表示博弈中的两个事件，p 表示发生概率($0 \leqslant p \leqslant 1$)，则 $pA+(1-p)B$ 表示两个事件的概率组合。

v 表示支付，则有 $v(pA+(1-p)B)=pv(A)+(1-p)v(B)$。

5. n 人博弈的均衡点(equilibrium points in N-person games)①
(纳什均衡)

有限博弈(finite):n 人有限博弈由下面要素组成:n 个参与人,
各自都具有纯策略(pure strategies)的有限集合;每个参与人 i 具有
相应的支付函数(payoff function),它是从纯策略的所有 n 元组合
到实数空间的映射。混合策略(mixed strategy)是纯策略空间上的
概率分布。参与人的混合策略是一个非负向量,其各分量的和为
1,且每个分量对应一个纯策略。记 $s_i = \sum p_i s_i{}'$,其中 $\sum p_i = 1$。ζ 表
示混合策略的 n 元组合。我们构造 n 元组合空间的一个连续变换
T,基于角谷不动点定理②,可以证明每个有限博弈有一个均衡点。
映射 $T:\zeta \rightarrow \zeta'$ 的不动点是博弈的均衡点。

6. 最小最大化定理(minimax theorem):在两人零和博弈中,δ
表示参与人 1 的策略,γ 表示参与人 2 的策略,博弈中的最小最大

①　Nash J F. Equilibrium Points in N-person Games[J]. *Proceedings of the National Academy of Sciences of the United States of America*, 1950, 36(1):48.

②　所谓不动点,是指将一个给定的区域 A,经某种变换 $f(x)$,映射到 A
时,使得 $x=f(x)$ 成立的那种点。最早出现的是不动点定理是布劳威尔定理
(1912):设 A 为 Rn 中的一紧致凸集,f 为将 A 映射到 A 的一连续函数,则在
A 中至少存在一点 x,使得 $x=f(x)$。其后,角谷静夫于 1941 年将此定理推广
到点到集映射上去。设对每一 $x \in A$,$f(x)$ 为 A 的一子集。若 $f(x)$ 具有性
质:对 A 上的任一收敛序列 $x_i \rightarrow x_0$,若 $y_i \in f(x_i)$ 且 $y_i \rightarrow y_0$,则有 $y_0 \in f(x_0)$,如
此的 $f(x)$ 称为在 A 上半连续,角谷静夫定理(1941):设 A 为 Rn 中的一紧致
凸集,对于任何 $x \in A$,若 $f(x)$ 为 A 的一非空凸集,且 $f(x)$ 在 A 上为上半连
续,则必存在 $x* \in A$,使 $x* \in f(x*)$。

化策略为:$s(\delta*,\gamma*)=$ maxmin $s(\delta,\gamma)=$ minmax $s(\delta,\gamma)$①。最小最大化策略为纳什均衡。

7. 策略式(strategy form)很少应用于复杂的博弈建模。描述一个博弈的另外两种方法是扩展式(extensive form)和博弈树(game tree),扩展式见附录表1。博弈树(game tree)除第5点以外与扩展式都是一样的。在博弈树中,第5点变为:在每一个最终结上都有结果。博弈树是一个比扩展式更为灵活点术语,如果结果被定义为支付组合,对每个参与人都有一个支付,那么博弈树与扩展式并无二致。

8. 完美信息(perfect information)博弈:它满足了对于信息的最强要求,因为在这样一类博弈中,每个参与人对于自己置身于博弈树中的哪个位置总是一清二楚,没有行动是同时进行的,且所有参与人都观察到了自然的行动。

9. 确定性(certainty)博弈与不确定性(uncertainty)博弈:在一个不确定性博弈中,自然的行动可能会也可能不会立即昭示于参与人。在博弈论中,确定性博弈也是允许自然首先行动的,并且大多数博弈论领域的建模者都不认为这种情形具有不确定性。一些研究博弈语义的学者习惯依赖于自然的首先行动来表达语句的不确定性,也就是说用确定性的博弈模型解释不确定真值,这并不是一个合适的思路。

10. 不对称信息(asymmetric information)博弈是参与人面对的

---

① maxmin (最大最小)指的是在参与人2使参与人1得到最小支付的情况下,参与人1最大化自己的收益;minmax(最小最大) 指的是在参与人2使自己得到最大支付的情况下,参与人1最小化自己的损失。

结点在总数量和分布上是不同的一种博弈。如果关于结点的总体情况相同，只不过在某些结点上反馈给参与人的信息不同，那么这其实是不完美信息博弈与不完全信息博弈需要考虑的问题。不对称信息博弈的必然也是不完美信息博弈，不完美信息博弈未必是不对称信息博弈。

11. 不完全信息（incomplete information）博弈：在参与人能够开始计划他们在博弈中的行动的初始时间点上，某些参与人就已经具有关于这个博弈不为其余参与人所知道的私人信息。在完全信息博弈中，全体参与人都知道博弈的规则。否则这一博弈就是一个不完全信息博弈。而不完美信息博弈，是指博弈中的参与人对其他参与人的某些具体行动不明确知晓。不完全信息博弈必然也是不完美信息博弈，但不完美信息博弈却有可能是完全信息博弈。

海萨尼（John Harsanyi）借由概率工具将不完全信息博弈转化为完全信息博弈。他提出了彩票博弈（lottery games），其中，每个参与人只获得彩票结果和相关参数值的部分信息，但是每个参与人知道彩票的基本概率分布。因此，最终博弈将是完全信息博弈，可称之为原始博弈的贝叶斯等价（Bayes-equivalent）。贝叶斯等价博弈的纳什均衡点为原始博弈的贝叶斯均衡点（Bayesian equilibrium point）。

本书涉及的合作博弈理论中的概念、性质和求解方案

附录表 2　合作博弈模型基本元素符号的说明

基本元素和符号	释义
N	博弈中所有参与人的集合(大联盟)
S	博弈中的联盟
v	支付值
v(S)	一个联盟的支付值
v(N)	大联盟的支付值
v(S\i)	i 加入联盟 S 之前 S 的支付值
v(S∪{i})	i 加入联盟 S 之后 S 的支付值
Pσ (i)	顺序
mσ$_i$	边际顺序
φ$_i$(N,v)	沙普利值

本文主要用到的是合作博弈模型,所以接下来我们需要对其中会涉及到的定义和性质进行详细介绍。

1. 合作博弈的基本定义和一些主要性质

特征函数:N 表示合作博弈中在考虑不同种合作可能的主体的有限非空集合(大联盟),i 表示 N 中博弈主体的个体标识,对于 n 个博弈主体,一共有 $2n - 1$ 种联盟方式。S 表示 N 的非空子集,对于每个 S ∈2N,|S|指的是 S 中元素的个数,eS 表示 S 的特征向量。若 i ∈ S,(eS)i = 1;若 i ∈ N \ S,(eS)i = 0。

合作博弈:具有特征函数(示性函数)形式的合作博弈是一个

序对(N, v),其中 N 为博弈主体集合,满足 $v(S)$ ∶ $2N \to R$ 是满足 $v(\varnothing) = 0$ 的特征函数,用来给每个 S 指派一个实数,v 实际上是一个支付向量,表示一个联盟可以分配给其成员的支付。

简单合作博弈:博弈(N, v)是简单的,如果对所有的 $S \in 2N \setminus \{\varnothing\}$ 有 $v(S) \in \{0, 1\}$,并且 $v(\varnothing) = 0, v(N) = 1$。

合作博弈的一些主要性质

可加性:一个合作博弈 $G = (N, v)$ 是可加的,当对于所有的 $S, T \subset N$,若 $S \cap T = \varnothing$,则 $v(S \cup T) = v(S) + v(T)$。一个可加的博弈由向量 $a = (v(\{1\}), \dots, v(\{n\})) \in Rn$ 确定,因为对于所有的 $S \in 2N, v(S) = \sum_{i \in S} a_i$。可加博弈是一个 n 维线性空间,其中 $v(N) = \sum_{i \in N} v(\{i\})$,对于所有的 $S \subset N$,$v(S) = \sum_{i \in S} v(\{i\})$。

超可加性:一个合作博弈 $G = (N, v)$ 是超可加的,当对于所有的 $S, T \subset N$,若 $S \cap T = \varnothing$,则 $v(S \cup T) \geqslant v(S) + v(T)$。在超可加博弈中,对每个两两不相交的联盟 $S_1, \cdots, S_k$,$v(N) \geqslant \sum_{i=1}^{k} v(S_i)$,$v(N) \geqslant \sum_{i=1}^{k} v(\{i\})$。满足性质 $v(N) \geqslant \sum_{i=1}^{N} v(\{i\})$ 的博弈称为 N-本质博弈。(N-essential game)。

凸性:一个合作博弈 $G = (N, v)$ 是凸的,当对于所有的 $S, T \subset N, v(S \cup T) \geqslant v(S) + v(T) \quad v(S \cap T)$。

均衡映射:映射 λ ∶ $S \in 2N \setminus \{\varnothing\} \to R+$ 称为均衡映射,如果 $\sum \lambda(S) eS = eN$。

合作博弈的均衡:如果对任意的均衡映射 λ ∶ $S \in 2N \setminus \{\varnothing\} \to R+$,都有 $\sum \lambda(S) v(S) \leqslant v(N)$。

2. 合作博弈的求解

尽管合作博弈的求解方案有很多种，但是这些方案都围绕着一个主题——总支付值 $v(N)$ 如何在成员之间分配。不论是在非合作博弈，还是合作博弈中，均衡都是博弈求解的目标，即一个博弈解是否能导致博弈达到均衡状态，相应的解也可以称为均衡解。具体到合作博弈的均衡解，就是关于我们如何制定一套能够使博弈达到均衡状态的成员支付值分配方案。

关于合作博弈解的具体求解思路还是从讨价还价而来的。一个成员在讨价还价中的能力不再由个人决定，而是通过他需要其他成员的程度和他被其他成员需要的程度二者之间的对比而度量的。简而言之就是，谁需要谁更多的问题。合作博弈围绕联盟和联盟值展开。实际上，我们可以通过为联盟增加或减少一个博弈主体来衡量联盟值的变化。这个变化值就是这个博弈主体对于联盟的边际贡献。边际概念是合作博弈求解中的首要概念。事实上，博弈中关于"核"解的两个条件都可以理解为边际贡献原则的一般化。

所以在这里，我们还需要介绍边际概念：是否具备稳定性是一个博弈大联盟 N 能否形成的条件，也就是指联盟中的每一个博弈主体是否都满足于自己获得的支付值，没有脱离联盟的驱动力。求得使联盟具有稳定性的收益分配方案，也便求得了一个博弈联盟的解，这个解的存在性，就是博弈联盟 N 形成的条件。"核"是出现最早的博弈均衡解的概念，它在博弈论中占有非常重要的地位。"核"解是涉及到联盟中每个个体的一套分配方案。它的对象范围包括博弈中的所有个体。核心解应该具有稳定性，但有时核心解可能是空的。如果核心解为空，包括博弈中每个个体的大联盟便无从实现。"平衡集"便是为了解决核心的非空性问题而产生的概念,我们可以利用平衡集给出核心非空的充要条件。而核心的非空性,又是能否形成稳定的合作"大联盟"的关键。

核:假设,一个合作博弈(N,v),其中 N 用来表示博弈主体的集合,也可以用来表示包括所有主体在内的最大集合。S ⊆ N 表示博弈中的子集,v 表示收益。合作关系的达成需要"核"解:

设 w(S)为比重集(0≤w(S)≤1),一个比重集是均衡的,当且仅当

$$\sum w(S) = 1 \ (\text{对于任意} S \subseteq N, i \in S)$$

一个分配方案是公正的,当且仅当对于每一个平衡比重集,

$$\sum w(S)v(S) \leqslant v(N) \ (\text{对于任意} S \subseteq N)$$

"核"是稳定均衡解,这意味着平均分配 w(S) = (1, 1, 1,……)或歧视性分配 w(S)= (1, …… ,0,1,)都不能达成合作,必须根据每个主体的贡献值给予公正的分配权重,保证每个主体在现存收益与付出,以及未来收益的回报与贡献达到平衡才能形成稳固的合作关系。

后　记

——致"人类命运共同体"十周年

"人类命运共同体"始言于中国，因而其首先是作为一种中国话语的历史性存在，它的意义由其历史语境决定。

2013 年 3 月，面对着"世界怎么了，我们怎么办"这样的人类全球性发展之问，习近平主席在莫斯科国际关系学院的演讲中第一次向世界公开宣告并阐释命运共同体理念。

"世界怎么了，我们怎么办"既包含了世界之问，也蕴含了时代之变，这样的历史语境奠定了"人类命运共同体"的基调，即源于现实又超越于现实。它的提出是以对当今形势的科学判断为出发点，以对零和博弈思维的根本超越为突破点，是一个开放而不断发展的理念，我们对它的阐释也永不过时。

2023 是中国向世界公开提出"构建人类命运共同体"理念十周年。

在这十年间，"人类命运共同体"不断夯实其双边多边层面的区域支撑,提出包括"中非命运共同体"①"中国—东盟命运共同体"②"中阿命运共同体"③"中拉命运共同体"④"亚洲命运共同体"⑤等方式。"人类命运共同体"不断细分领域,拓展至"网络空间命运共同体"⑥"人类卫生健康共同体"⑦"全球发展命运共同体"⑧"地球生命共同体"⑨等领域。

在这十年间,"人类命运共同体"先后被写入国际组织官方文本。2017年2月10日,被写入联合国社会发展委员会"非洲发展新伙伴关系的社会层面决议";3月17日,被写入联合国安理会关于阿富汗问题的第2344号决议,同时提出通过"一带一路"建设等加强区域经济合作;3月23日,被写入联合国人权理事会关于"经

---

①　2013年3月25日,习近平主席在达累斯萨拉姆国际会议中心发表题为《永远做可靠朋友和真诚伙伴》的重要演讲中首次提出。

②　2013年10月3日,习近平主席在印度尼西亚国会发表题为《携手建设中国—东盟命运共同体》的重要演讲时首次提出。

③　2014年6月5日,习近平主席出席中阿合作论坛第六届部长级会议开幕式并发表题为《弘扬丝路精神,深化中阿合作》的重要讲话时首次提出

④　2014年7月17日,习近平主席在巴西出席中国—拉美和加勒比国家领导人会晤并发表题为《努力构建携手共进的命运共同体》的主旨讲话时首次提出。

⑤　2015年3月28日,习近平主席在博鳌亚洲论坛2015年年会开幕式并发表题为《迈向命运共同体　开创亚洲新未来》的主旨演讲时首次提出。

⑥　2015年12月16日,习近平主席在第二届世界互联网大会开幕式上发表主旨演讲时首次提出。

⑦　2021年5月21日,习近平主席以视频方式出席全球健康峰会并发表题为《携手共建人类卫生健康共同体》的重要讲话时首次提出。

⑧　2021年9月21日,习近平主席以视频方式在第七十六届联合国大会一般性辩论上首次提出。

⑨　2021年10月12日,习近平主席以视频方式出席《生物多样性公约》第十五次缔约方大会领导人峰会并发表主旨讲话时首次提出

济、社会、文化权利"和"粮食权"两个决议等。联合国大会裁军与国际安全委员会(联大一委)于 2022 年 11 月 1 日和 3 日先后表决通过"防止外空军备竞赛的进一步切实措施""不首先在外空放置武器""从国际安全角度看信息和电信领域的发展"三项决议,人类命运共同体理念被连续六年写入联大一委决议。

在这十年间,国际关系学、国际经济学、国际贸易学、国际法学、社会学、环境学等不同学术领域对人类命运共同体的研究越来越深入。有学者统计,在维基百科中,有 8 种语言深度解释人类命运共同体的演进进程与相关研究的索引。在谷歌学术搜索中,有52.4 万篇相关英文论述与报道。兰德公司、布鲁金斯学会、欧洲外交关系协会、英国皇家国际事务研究所等西方著名智库机构都曾专门著述深度阐述人类命运共同体的意义和价值①。

在这十年间,"人类命运共同体"已经历了中国话语向世界话语的转变。从本土化视角看,"人类命运共同体"是中国对于世界现状和未来发展趋势的科学观察和判断,是中国智慧的体现,也是解决全球问题的中国方案。从国际化视角看,世界各国是"人类命运共同体"思想的信息接收者和共建者,"人类命运共同体"于他们而言呈现为中国话语和中国推动。综合两种视角,"人类命运共同体"的顺利构建有赖于它的国际在场度和国际认同度。如何解决人类命运共同体思想的国际阐释问题是中国学者必须关注的,也是未来推进理念走深走实的重点考虑。

在最后,我想从学理、事理、伦理三个向度提出一些可能的阐

---

① 王文.人类命运共同体理念十年演进及未来展望[J].中央社会主义学院学报,2023,(02):150-160.

释路径。

一、学理向度：挖掘交点理论推动人类
命运共同体思想的国际学术传播

单从概念外延的广博性而论，"人类命运共同体"的概念外延与很多学科都有叠合，与国际政治学中的"和平主义"、人类学中的"合作主义"、西方哲学中的"共同体"思想皆有理论接触的可能，具备走一条学科化国际传播之路的天然优势，但这条路并不好走。

在进行本研究成果的英译工作过程中，笔者对国外关于"人类命运共同体"的认知状态进行了一些考察。以"人类命运共同体"的常用英文表述"A Human Community with a Shared Future""Community of Common Destiny""A Community with a Shared Future for Mankind"为关键词在学术文献数据库（Springer）和国外主流报刊网站中进行检索，发现"人类命运共同体"一词在国际文献中多是以对政府报道、官员讲话等政策性评述原引的形式出场，并非作为一个新生的理论概念而受到关注，其全球认知外延的"偏政治，轻学理"的特征凸显①。"人类命运共同体"作为一个雨伞术语（Umbrella Term），为国际关系理论嬗变提供了一个研究范畴，为当代国

---

① 相关观察可参照：朱玲玲、蒋正翔. 人类命运共同体的理论阐释与国际传播. 党政研究[J]2019（1）：17；殷文贵. 动机·前景·理路：人类命运共同体理念的国外认知与评价. 云南民族大学学报（哲学社会科学版）[J]2020（37-2）：26；金天栋，任晓."人类命运共同体"国际传播的"共通的意义空间"研究. 社会科学[J]2021（2）：35；招春袖，胡文涛. 人类命运共同体与国际共有观念建构——基于传播策略分析. 对外传播[J] 2021（8）：55.

际关系理论演进培育了求同存异的开放视野,但是其在推动当代国际关系理论发展方面的学理价值并未得到正视。

依据认知规律,一种社会认知的确立须先以知识接收为起点,经由通识的逐步形成和情感的积累共鸣演化至社会心理层面,再经系统化升级为社会意识形态。"人类命运共同体"的全球认知在政治价值和意识形态方面的涉及肯定是必要的,但如果先由"偏政治"的形式被接收,那么由于受众主体政治取向分野的先验存在,任何一点认知偏差在一定条件下都会转化为认知的主体偏见或排斥,导致认知过程偏斜或中断,无益于其全球认知的深扎根和广传播。

国际传播实质上是一种跨文化的、双向互动的交流过程。有效的国际阐释必须遵循信息传播的一般规律,即随着交流的继续进行、符号的共享,国际上关于阐释对象的理解越来越一致,对某个议题达成更多共识。世界各国对于人类命运共同体思想的正确理解和充分认同是关乎其共建工作顺利推进的关键环节,在这个过程中我们尤其要避免在国际上留下意识形态输出的印象,否则会造成适得其反的效果。成功的中国话语不仅需要发声,还要有积极的回声。我们应该采取的态度是不仅让人类命运共同体的声音被世界听到,还要让它被听见,被真正听懂。

有效的传播应达到"被知其所以然"的效果,就需要充分考虑他方学者的认知基础,在他方熟悉的领域找到与"人类命运共同体"相匹配的理论对接点展开学理阐释和国际传播,这是一个相当需要花费工夫的过程。经济性是我们的必要考虑,如果能够找到一个在众学科中都具有广泛通识度的交点理论,将会显著提升学科化国际传播的效率。著名经济学家肯宾默尔(Ken Binmore)曾说过,不论何时何地,当有人类互动行为发生时,博弈论就发生了。博弈论以模型化的方法对人类互动行为进行解释和预测,在众多涉及对人类互动行为研究的学科,包括经济学、政治学、社会学、历史学等学科中均有应用,因此研究选取博弈论作为交点理论进行阐释,希望能助益于"人类命运共同体"走进更多的学科视界。当然,我们也可以选择国际合作理论进行阐释,只是国际合作理论在学科上属于"国际政治"的范畴,在阐释过程中我们未免又要遇到来自西方意识形态的攻击和误读。我们也可以用马克思主义理论来阐释,实际上这样来做的学者已经很多了,只是同一视角的阐释叠合较多并不利于"人类命运共同体"的学术传播。

有效的传播是一场双向交流的过程,学者对话是学科化传播的必要活动。中国学者作为人类命运共同体思想国际阐释的己方,尤其需要增强"他者"意识,以国外相关理论文献为起点,汲取有助于阐释"人类命运共同体"思想内涵的语素,在国外相关理论文献中汲取有助于准确译释人类命运共同体思想内涵的外语语素。在对应的国际传播二次编码方面,中国学者需要将本国受众接受的关于人类命运共同体思想的信息转换成他国、全球受众接受的有效信息方面完善其必要的语素库,提高语义对应度。总体来说,中国学者需要针对不同语言和文化的不同受众主体,建立和完善译释语素库,提高其语义在各语言文化和话语体系中的对接锐度,推进中国特色社会主义思想的国际阐释和传播机制的高效化和精准化。

根据当前国际合作研究领域对于和平、合作议题的关注,我们有理由相信国际学术界存在着大量对"人类命运共同体"其呈支持性态度的学者等待着我们去沟通、去交流、去共享。在今后的国际交流工作中，需要主动收集、分析相关论域学者的研究动向，重点关注在"全球观""合作观"等研究领域中可能潜在的，对"人类命运共同体"思想持积极态度的学者信息，建立长效对话机制，建立国际学者智库①。

在未来的学理化传播过程中，我们必须以世界学问为起点，搭建"人类命运共同体"概念与相关学科的深层互构关系，挖掘可能存在的认知共性，坚持以国际视野和中国实践相结合的方法研究、构建关于人类命运共同体的学科理论支撑体系，让使人类命运共同体思想与相关理论成果互为论证和论据，强化它的科学说明性和学理基础，走出一条"对话式"国际阐释之路。

人类是一个命运共同体，其中最重要的是人，是每个活生生的人的生命，而不是国家、民族、经济体这些建构出的概念范畴。"人类命运共同体"守护的是全人类生命的健康与安全，关注的是全人类现实生活的美好与幸福。相信"人类命运共同体"在更多的非意识形态属性的自然科学中也会具有一定的理论交汇点，值得我们进一步探索。

---

① 如 2019 年 11 月，中国传媒大学人类命运共同体研究院成立。该研究院旨在团结国内外研究机构和学者，发展推进人类命运共同体建设的国家智库，打造全球传播与治理的高水平国际学术平台，共同促进人类命运共同体理念的全球传播。2020 年 1 月，"新时代新思想国际传播教育联盟"在对外经济贸易大学成立。该联盟旨在联合国内高校马克思主义学院、外语学院和其他智库机构做好习近平新时代中国特色社会主义思想的国际传播工作。

二、事理向度:善用全球性公共危机语境提升 人类命运共同体思想的国际认同

　　语言哲学家弗雷格(Frege)在 1884 年出版的《算术基础》中提出"意义"问题的三个重要原则:第一,将心灵上的因素从逻辑中分离,将主观从客观中分离;第二,永远不要去孤立的寻求一个语词的意义,只有在一个句子的背景下语词才有意义;第三,注意区分概念和客体。第一个原则是弗雷格的主旨,而如果没有第二个原则,语词的意义很有可能会变成关于个人意志或情感上的反映,他反对孤立地为语词指派意义就像他认为孤立的数字不能代表任何意义一样。所以第二个原则是为了保护支持第一个原则,第二个原则便是语境原则。

　　广义的语境不会仅局限于一个语句所处于的篇章,还会延伸至文本之外。背景、主体、事件是"广义语境"的三个基本要素。每一次全球性公共危机"事件"的发生,都会引发国际社会多"主体"对人类全球性发展这一时代"背景"的深度关注,构成"人类命运共同体"认知的现实语境。有效利用现实语境,才能不断完善国际认知系统,提升国际认同水平。一方面,我们应该及时捕捉和分析现实语境中涌现出的全球认知特征,不断调整、完善国际阐释和传播方法;另一方面,应该从背景、主体和事件三要素入手,突出能使现实语境向历史语境模拟的语素,才能因时而成地推进全球认同的形成乃至全球话语力的发挥,并维护国际舆论环境的均衡发展。

(一)背景语素:善用认知焦点,突出全球视角

全球化进入到新阶段的同时,全球性危机也不断出现新的特征,在百年未有之大变局的时代背景中,人类的全球性发展问题是凝聚了诸多时代议题的认知焦点。在初始语境中,人类命运共同体的核心问题意识就是围绕这个问题展开的。紧紧把握"人类命运共同体"与人类的全球性发展"之间的有机统一关系,是提升"人类命运共同体"思想国际认知层次的重要途径。这二者之间的关联点,在理论和实践两个层面都有体现。一方面,"人类命运共同体"是符合全球化发展必然趋势的科学论断,也是推进全球化认识观发展的创新思想。积极参与全球性议题的讨论并深度嵌入"人类命运共同体"的概念元素,阐释其内涵的科学性和创新性,可以为"人类命运共同体"的国际认知体系搭建学理基础。另一方面,在"人类命运共同体"理念的顶层设计下,中国为世界发展和全球治理提供了如"一带一路"倡议等优质的国际公共产品,也在每一次全球性公共危机的应对中践行着"人类命运共同体"理念。在对全球化发展和人类共同命运的现实关照中,中国贡献与"人类命运共同体"的思想效能相得益彰,为"人类命运共同体"的国际认知体系构建了实证语境。

(二)主体语素:丰富认知路径,消解隔阂与偏见

学理性认知不足是认知系统的结构性问题,文化是影响个体认知的重要因素。"人类命运共同体"思想国际共识的达成不是抽象的,而是具体的,是要在不同的文化背景中逐步搭建起的。因此,文化差异的影响是国际传播工作必须科学考量的一个因素。

兼容并合理利用文化差异,构筑多元化、立体式的传播渠道是消除理念分歧、促进思想广泛而持久传播的有效途径。其中,公共外交的作用不容忽视。在国际传播研究领域,公共外交的主要任务被定义为利用文化项目和多种交流活动,向国际社会进行明确的政策解读和意图传达。在全球公共危机的应对中,公共外交在建立信任与信心,增进理解与合作,培育同理心和共情能力,促进世界人民联合行动方面的重要作用被再次验证。为了使"人类命运共同体"这一概念在不同的文化背景和话语体系下达成相对稳定的共识,我们应该发挥公共外交在促进文化沟通和话语沟通中的重要作用,在公共外交搭建起的多种项目交流平台中挖掘文化共性乃至话语交点,围绕共有的文化基因打造融通中外的新语素,在不同的文化环境中为"人类命运共同体"构建起多角度、宽领域的完整叙事,促进中外认知对接,消除因文化交流不畅而引起的认知偏差。

(三)事件语素:把握认知时机,传递积极信号

国际社会对每一次全球性公共危机的应对时刻,都蕴涵着"人类命运共同体"的现实价值得以确认的关键时机。持续在国际舆论场中树立"人类命运共同体"思想的应有地位,需要时刻认清"危"中之需,找准发展之"机",因势利导地进行对外传播,将这些危机时刻转化为推动"人类命运共同体"国际认知发展的时机。比如"可持续发展"问题占据了国际舆论场的焦点位置,而构建"人类命运共同体"又恰恰体现了中国在推动世界可持续发展中的高瞻远瞩。"一带一路"倡议作为推进"人类命运共同体"建设的一部分,正是把这种高瞻远瞩付诸实践的重要途径。实际上,尽管种种

因素正影响全球经济态势，但贸易往来并未中断，这其中包括"一带一路"倡议作全球和区域多边机制建设的长远规划，在维持世界贸易和价值链稳定的韧性和弹性方面体现的积极作用。时任联合国训练研究所执行主任尼基尔·塞斯（Nikhil Seth）也曾表示，共建"一带一路"为开放和包容性对话树立了榜样，为推动联合国2030年可持续发展议程的实现增加了信心。善于捕捉世界形势变化中出现的焦点问题，及时收集、整理相关资料，以"一带一路"倡议等具体举措的现实意义，辐射"人类命运共同体"的深刻内涵，是在国际传播工作中提升主动设置议题能力的体现。只有把握重要场合，提前策划，做到有针对性、有指向性、有专题性地对外传播，才能平衡国际舆论场，为"人类命运共同体"的国际认知搭建良性语境和积极的信念导向。

三、伦理向度：综合三种"共同体"的伦理共性描绘人类文明新形态

"我们所处的是一个充满挑战的时代，也是一个充满希望的时代"①。在其中，观念转变会领先于社会存在，亦有可能落后于社会存在。人类面临百年未有之大变局，正在处于从工业文明转向数字文明、生态文明的关键时期，西方主导的全球化史观和现代化史观无法准确地诠释"人类命运共同体"的意义，影响了整个世界对

---

① 习近平. 高举中国特色社会主义伟大旗帜为全面建设社会主义现代化国家而团结奋斗——在中国共产党第二十次全国代表大会上的报告［M］. 人民出版社，2022：63.

"人类命运共同体"理念的接受程度。从这个角度理解,中国推动"构建人类命运共同体"国际认同的十年进程,与推动建设人类文明新形态的进程具有同构性,是对人类文明被资本逻辑支配导致自我异化的历史性重塑,是通过"中华民族共同体""人类命运共同体""地球生命共同体"三种"共同体"的提出重申中国文化核心价值的十年。

中国传统价值体系中已经把天地、人情、伦常融为一个完整的统一体。在这个统一体中,人性就是天性、人伦也是天伦,人与人的关系包含于人与自然的关系之中,主观与客观、个体与群体始终融合。只有在这样的价值体系中,三种"共同体"可以在很短的时间内被同时提出,是西方的价值体系中不可能出现的话语现象。与中国存在着根本不同,西方源于古希腊"七科"的价值体系,包括智者学派侧重于人的发展的基本技艺的"三艺"(修辞学、文法、辩证法),柏拉图侧重人的心灵和精神层面养成的"四科"(算术、几何、音乐理论、天文学)。从中世纪开始,开始由人转向神学的价值取向;文艺复兴时期,从神学回归到人和自然的价值取向中,始终存在着包括本体层面的形而上与形而下之间的脱节、认识层面的本质与形式之间的分离。这种脱节和分离造就了西方知识体系是原子式而非辩证式的,孤求人的本质抑或者自然的本质而始终不会形成天人合一的哲学,也造成西方现代化的历史既有追求科学进步、解放人性的积极面,也有殖民主义、帝国主义的消极面。

现代人类已经成为一个命运共同体,区别只在于我们有否意识到这一点。"人类命运共同体"由中国提出绝非偶然,它是中国一以贯之的价值内核——天人合一的现时表征。在内涵上,"人类命运共同体"以"中华民族共同体"为经验基础。"包容性"与"和平性"都是中华文明的突出特性,从天下大同、文明互鉴到多元一体发展格局;从追求秩序和谐稳定到坚持生态环保可持续发展理念,中华民族共同体建设为构建人类命运共同体提供了历史经验、文明特性和制度逻辑。在外延上,"人类命运共同体"以"地球生命共同体"为可能空间,即使在马克思和恩格斯所构想的"每个人的自由发展是一切人的自由发展的条件"的联合体中,人类也无法脱离开地球的边界而空谈人的本质。世界越是充满挑战,就越是需要一种新的文明形态,天地人情伦常统一体的图景在三种"共同体"中就越是清晰而宝贵。